航天科学家的故事丛书

王永志的故事

姚昆仑　刘经勇　著

中国宇航出版社
· 北京 ·

图书在版编目（CIP）数据

王永志的故事 / 姚昆仑，刘经勇著 . -- 北京：中国宇航出版社，2022.1

（航天科学家的故事丛书）

ISBN 978 - 7 - 5159 - 1992 - 8

Ⅰ.①王… Ⅱ.①姚… ②刘… Ⅲ.①王永志—生平事迹 Ⅳ.①K826.16

中国版本图书馆 CIP 数据核字(2021)第 225905 号

责任编辑　汪秀明　　　**封面设计**　宇星文化

出版 发行	中国宇航出版社		
社址	北京市阜成路 8 号	邮编	100830
	(010)60286808		(010)68768548
网址	www.caphbook.com		
经销	新华书店		
发行部	(010)60286888		(010)68371900
	(010)60286887		(010)60286804(传真)
零售店	读者服务部		
	(010)68371105		
承印	北京中科印刷有限公司		
版次	2022 年 1 月第 1 版		2022 年 1 月第 1 次印刷
规格	880 × 1230	开本	1/32
印张	7.125	字数	120 千字
书号	ISBN 978 - 7 - 5159 - 1992 - 8		
定价	32.00 元		

本书如有印装质量问题，可与发行部联系调换

目录

CONTENTS

第七章 历史决策 133

第八章 创新之路 157

第九章 安全至上 181

第一章

时雨润苗

童年的天空

1932 年 11 月 17 日的夜晚，寒气逼人。在辽宁省昌图县①八面城镇老房村一个贫苦的农民家庭，王永志出生了。这个可爱的小男孩，给王家带来了冬日的喜悦和温暖。小男孩起初取名叫永禄，小名叫德宝。他在几个兄弟中排行第四，上面还有三个哥哥。出生后，爸爸妈妈和哥哥姐姐们都对他疼爱有加。

岁月在更替，小德宝一天天在长大。他好奇地看着

①昌图县位于辽宁省最北部，松辽平原南端，隶属辽宁省省辖地级市铁岭市，是全国著名的粮食生产基地，素有“辽北粮仓”之美称。1995 年 4 月在全国首批百家特产之乡命名大会上被命名为“中国豁鹅之乡”。

世界的一切，尤其喜看深邃的天空。到了四五岁时，对于农村的自然环境，小德宝流露出独有的好奇和热爱。美丽的松辽平原，黝黝的黑土地，翠绿挺拔的大树，在这大自然的怀抱里，他和小伙伴们追逐嬉闹，做着童年开心的梦。

春天，报春花、小兰花等野花竞相斗艳，清香飘溢，他感到特别惬意；

夏天，放眼一片绿色，庄稼地里，他与邻家的小朋友捉迷藏，乐不可支；

秋天，是金色的世界，黄澄澄的玉米稻谷上场，他嬉闹在丰收之中；

冬天，白雪皑皑，他随哥哥们一起打雪仗、捉野兔，享受另一番情趣。

他爱这块生他养他的土地，更喜爱繁星点点的夜空，无数颗星星清清楚楚地挂在天幕上，这是一幅多么美丽动人的景观画卷。

稍大一点，他便学会观察，心里也在琢磨，为什么天是蓝的？为什么一年会有四季？为什么庄稼在春天播种，秋天收获？他对逢年过节时家家户户在门上贴的对联、家里墙壁上贴的年画充满好奇，看着那年画上写的字，很想弄懂它，就去问哥哥们。哥哥们告诉他，等他长大上学后，就会读懂其中的奥秘了。

哭着闹着要上学

转眼间，到了小德宝该接受启蒙教育的年龄了。看着其他小伙伴儿兴高采烈地准备上学，这激起了他强烈的读书欲望。他心里着急，但父母却没有一点要送他上学的迹象。于是他恳求父亲让他去上学，然而父亲却沉默了，他有他的想法和苦衷：一是家境非常窘迫；二是认为农家孩子，念也念不出名堂，这也是不得已呀！童年的求知欲，是一种强大的力量，小德宝心一横，为上学而哭闹起来。一向疼爱他的父亲这次却无动于衷。

为了上学，小德宝找到了大哥王永山，请大哥替他在父亲面前为他求情。大哥从贫困受欺的生活体验中感受到文化对一个人、一个家庭，乃至一个民族和国家的重要性，他自己深受过没有读书的痛苦，希望家里有一个“秀才”，给家庭命运带来改观。于是，大哥对父亲谈了自己的想法，希望得到他的理解和支持。

“爹，常言道，养子不读书，不如养头猪。我和几个弟弟都没有读书，与其让德宝跟我们一样种田，倒不如改变一下现状，送他去上学，还可能给我们家带来希望。”但父亲坚持己见，还是那句话：“他能学几年？学不出头，回来不还得种地吗？还不如现在就种地。”

说服不了父亲，为不使弟弟失望，大哥便自作主张，想了一个先斩后奏的主意。小学新生报名是农历正月十六。大哥趁父亲睡得正香，悄悄叫上小德宝，说：“走，快走，我带你去把名报了。”

兄弟俩赶到八面城镇的南街小学，找到了报名处。王永山对老师说：“我家里虽然困难，但小弟求学的欲望很强，哭着闹着说什么也要上学，我就背着父亲带他报名来了。”

老师说：“想学习就好，你小弟叫什么名字？”

大哥随口说道：“他还没取名呢？属‘永’字辈，请老师给取一个。”

老师看着小德宝执着的神态，心底里很是高兴，于是对大哥说：“他这么想念书，有志向！中国有句老话，叫‘有志者事竟成’，就叫永志吧！”

“这名字挺好，弟弟，快谢谢老师。”大哥拍着小德宝的肩膀说。

“谢谢老师给我取名。”看着和蔼可亲的老师，小德宝羞涩地向老师点了点头。

从此，小德宝有了一个真正意义上的名字：王永志。这个名字伴随他走向光明的未来。

父亲知道后，生气地对大哥说：“你们大了，翅膀硬了，自作主张，这还得了！我不同意，你们照样还去报名！不行，去把学退了！”大哥一看，不能和父亲硬碰硬，便心生一计：“爹，不行啊！那是官学不能退，报就报了。德宝还小，读书不是坏事，先读两年看看。”大哥连蒙带骗的，父亲最后也就默认了。

王永志就这样上了学。大哥是有眼光的，他的这一举动，使弟弟的求学之路从这里起步，越走越远，日后成了栋梁之材[①]。

①栋梁之材，意思是能做房屋大梁的木材。比喻能担当国家重任的人才。栋：脊檩，正梁。出自南朝·宋·刘义庆《世说新语·赏誉》：“庾子嵩目和峤，森森如千丈松，虽磊砢有节目，施之大厦，有栋梁之用。”

来之不易的机会

小永志非常珍惜这来之不易的上学机会。

上学的愿望实现了，但读书的艰难也开始了。当时的农村，交通非常不便，小永志早出晚归，每天步行在庄稼掩映的羊肠小道上，还要过一条小河，往返8公里。夏天顶着烈日和突降的暴雨，冬天冒着寒风大雪，还要防着野兽的袭击。但无论春夏秋冬，小永志背着自制的小书包，风雨无阻，没有迟到过一次。家里没有钱买格尺，他就把一根直的秸秆从中间劈开来，削整平滑后当尺用；没有钢笔，他就在秸秆上面安一个钢笔尖，作为钢笔用。

他是班里最用功的学生。上课时他认真听讲，下课和回家后复习巩固，加上他记忆力惊人，第一学年下来，小永志学习成绩排在全班第二名。

他是一名善于思考的学生。他常常把生活中遇到的问题记下来，请老师解答。有一次，数学老师兼班主任刘汉甲为考评学生举一反三①的能力，特意出了10道题目考学生。结果70位同学中，只有王永志一人得了满分，而绝大多数人都没有及格。

①举一反三，比喻从一件事情类推而知道其他许多事情。反：类推。出自《论语·述而》："举一隅不以三隅反，则不复也。"

他是一名进取心极强的学生。有一次，他的一科考试成绩不理想，他认为这是一种耻辱，于是把成绩单贴在课桌的右上角，以警示自己。班里有一姓张的同学，年龄比他大 4 岁，家境好，有钱住校，成绩在班上总是第一名。他心里不服输，心想：我是走读生，放学赶回家后还得干农活，学习时间相对少得多，但要充分利用有效时间，获得最高的学习效率。于是，他平时注意观察那位同学的学习方法，学习他的长处，为己所用。

看到小永志这样好学上进，成绩在班里数一数二，几位哥哥嫂嫂都非常喜欢他，姐姐对他更是呵护有加。父亲心里也感到稍许的安慰，态度有了根本的改观。

可是，命运和苦难有时总是在捉弄人。就在小永志读三年级的时候，父亲在进城回家的途中遇上大雨，引起胃病发作，倒在路上。大哥急忙把父亲送到镇医院，医生检查后诊断为胃穿孔，治不了，建议到四平或沈阳的大医院去做手术。父亲因为家里穷而放弃了去大医院治疗，最后在病痛中去世，这在小永志心中留下了永久的伤痛。

父亲出殡后第二天，大哥发现永志没有去上学，便催促他去学校。懂事的永志说：“爸爸一去世，家里更困难了，我退学吧，帮家里干点活。”大哥听后说：“弟，你别这么想，爸爸不在了，你不是还有哥哥们嘛！我们会想办法让你继续学习，希望你有所作为。”在哥哥们的反复劝说下，小永志才忍着悲痛继续走进学校。

从此，小永志更珍惜这来之不易的机会，更加刻苦努力，经常获得各种小奖品，有一次还获得了学校奖励的一套制服。在4年一次的全县组织的会考中，王永志获得了第二名，全家人都为他的成绩而自豪。

黑土地滋养着王永志，他不断地汲取这块土地上生命的原汁，那就是坚韧、忍耐、进取和心灵的早熟。十来岁的王永志非常懂事，家里和外人都称他为“小大人”。

热心的刘老师

1945 年 8 月 15 日，日本宣布无条件投降，全国上下一片欢腾。此时，东北暂时处于无政府状态，王永志所在的学校停办，他只好回家务农，正好也应验了父亲的那句话“迟早还是要回来种田的”。

小学毕业的王永志，已经是一位个头不小的大少年了，几年读书并没有影响到他干农活的热情和本领。看到他干活有板有眼、头头是道，家里人在高兴之余也深感遗憾。而王永志每当走到学校旁或一想起学校，心里总是痒痒的，有一种牵挂，一种强烈的失落感涌上心头。

就像金子总是会发光的一样，是宝石就不会永远埋在山中。命运像早已安排好了一样，读书的绿灯又奇妙地为王永志亮起来了。因为有一个人在时刻关注着他，那就是曾经的班主任刘汉甲老师。

王永志辍学后不到一年，八路军进驻昌北，决定在当时的县政府所在地——八面城镇创办中学，县属各地均可报考。刘汉甲老师得知后，马上叫他的学生单永惠下乡通知王永志，要他无论如何赶快来镇里报名上中学。王永志听说之后自然喜上眉梢，但是一想到自己的家境，心中不由黯然，只好向单永惠婉拒了刘老师的好意。

听了王永志的回话，刘老师决定自己出面当说客。他找到王永志的大哥，反复劝说，让家里支持王永志上中学。全家人合计后决定，哪怕再穷再苦，也要支持永志上学。就这样，一个家境贫寒的家庭，上下齐心，帮助王永志迈进了中学的门槛。

“一枝一叶总关情”。这一步，彻底改变了王永志的人生道路。这位从田野中走出来的农家孩子，在求学的道路上成功地迈出了第二步。

在初中的三年里，特别是土改之后，王永志家里的经济状况大变样了，学习条件也好多了，加上他坚毅执着和不服输的性格，无论是小考、期中考试或期末考试，他总是名列第一，在班上可谓一枝独秀。王永志的聪颖好学，引起了一些同学的羡慕，也引起了个别同学的嫉妒。他们说，不能老让王永志考第一，得想法子把他拉下来，第一名的位置也让其他同学轮流坐坐。他们鼓动全班成绩居于第二的张姓同学与王永志一争高下，结果几次考试，张同学还是没有超过王永志。那时在初中的化学课上老师刚教过“王水”[①]，同学们便戏称王永志为“王水”，意思是能够攻克一切艰难，冲破任何险阻。

①“王水”是用 1 份浓硝酸和 3 份浓盐酸配制的混合液，腐蚀性极强，能溶解金、铂等物质。

由于王永志文理科的成绩都很优异，老师特别照顾他，同时也给他压担子。当时提倡学习上互相帮助，反对“小猫吃鱼只顾自己”的做法，王永志便当起了“小先生”，业余时间或放学后给同学补课，交流学习方法。

在初中课程中，王永志初步接触到一些生物和农学知识，他感到万物生生不息的奥秘是那么有趣。当时，中国小麦的亩产量只不过100千克左右，农民广种薄收，辛苦一年，温饱难以维持。王永志开始萌生了长大后当一名农学家的想法，让粮食年年丰产，天下人都有饭吃。

追求进步事业

王永志刚上初中时，全国还沉浸在抗战胜利后的和平和喜悦之中。可惜好景不长，1946年3月，国民党向解放区发动了军事进攻，形成了关内小打、关外大打的严重局面，全面内战的乌云笼罩全国。不久，战火蔓延到了八面城镇。由于八面城镇紧挨着四平，1947年，解放军集中优势兵力攻打并解放四平时，该地区是解放军和国民党军队反复争夺的地方。国民党的飞机经常进行低空轰炸扫射，王永志有一次差点被击中。四平前后被争夺4次，惨烈的战争几乎将这一带夷为平地。战火频仍[①]，学校已无法正常上课，便组织学生到临时医院照顾解放军伤员，解放军官兵不惧流血与牺牲的精神，

①战火频仍，成语，意思是战争连续不断，频繁发生。

出自北周·庾信《周上柱国宿国公普屯威神道碑》："再为连率，频仍衣锦。"

使王永志内心产生了深深的敬意。

学校安定下来后，王永志和同学们重新返回课堂。这段时间的亲身经历，使王永志对中国社会的现状有了较为清楚的认识。国民党的腐败行为被老百姓看得一清二楚，比如借修碉堡的名义，把王永志家里栽的大树砍掉，拉到不远的地方卖了，中饱私囊。共产党的正确领导使他家看到了希望。不久，他家的境况迅速扭转，政治地位发生了根本变化，地主被打倒了，贫苦农民翻了身。土改开始，他家人多，分了不少地主老财的田地，家里还养了马。秋收时，家里收获的粮食翻了几番，再也不愁吃穿了。获得新生后，全家意气风发，扬眉吐气。条件变好，大哥王永山便让他在学校住宿，专心致志地学习。学校领导也挺关心照顾贫下中农子弟，上学不交学费，还有助学金，王永志的学习劲头更足了。

初中阶段，王永志的组织能力得到了很大提高。因学习好，他承担的社会工作比一般的同学多，他在学生会担任了宣传委员等职。学校组织编写校歌时，还让王永志参加修改，他在校歌中加上了“革命的乳浆养育了我”等反映时代精神的话语。沈阳解放前夕，他常常组织学生上街宣讲、书写和张贴标语、宣传共产党的政策，使他的组织能力和表达能力不断提高；他写毛笔字、刻蜡版都娴熟工整。过去非常腼腆、不善表达的他，几经锻炼，走上了社会前台。他的街头演讲有很大的感染力和号召力，以至于在后来的工作中，他富有节奏、风趣而具有逻辑性的讲话，常常赢得同志们赞美的掌声。由于他德才兼备，赢得了班里同学的喜欢和尊重，年年被推选为模范学生。在学校政治课上，他明白了阶级压迫、翻身闹革命、团结就是力量等朴素的革命道理。

1948 年 12 月，王永志加入了新民主主义青年团，即后来的共青团。当时共产党和国民党正处于决战阶段，政局很不明朗，但他追求共产主义理想的愿望十分强烈。他常想，自己家庭的幸福是共产党和毛主席给的，应该把自己微薄的力量汇集到共产主义事业中去。

1949 年 8 月，经过组织上培养，王永志递交了入党申请书。10 月 1 日，中华人民共和国宣告成立。11 月 17 日晚，在庄严的党旗下，王永志高举右手，向党立下了庄严的誓言。那时候党员宣誓完全是秘密进行的，党员身份也不公开。直到 1950 年王永志到沈阳的东北实验学校读书，在 5 月 4 日的党员身份公开会上，同学们才知道王永志是中国共产党党员。

走出八面城镇

解放战争中，人民解放军以排山倒海之势接连攻占了沈阳等大城市后，接着取得了三大战役的胜利，百万雄师顺利横渡长江，迅速向大西南挺进。国民党政府已日薄西山[①]，一个崭新的中国如旭日东升，给中国人民带来了光明和希望。

①日薄西山，太阳靠近西山，将要落下。比喻衰老的人将近死亡，或腐朽的事物快要灭亡。出自晋·李密《陈情表》：“但以刘日薄西山，气息奄奄，人命危浅，朝不虑夕。”

解放了的东北，就像经过寒冬岁月的万物，在艳丽的春阳下复苏，萌生的新绿给人们带来了一派生机。人民政府深深地认识到，这块饱经沧桑和蹂躏的土地百废待兴，新中国的建设高潮即将来临。而人才的奇缺将会制约建设的发展，于是把振兴教育摆到了重要位置。百年大计，教育为本。1949 年 5 月 4 日，东北人民政府在沈阳成立了东北实验学校，在各地招收优秀学生，为建设新中国培养人才。

王永志此时恰好面临初中毕业。初中三年，他年年考第一，毕业时各科平均分数达 98.6 分。那时初中毕业生不多，用武之地不愁。但毕业后何去何从？王永志考虑去参军，身上涌动着热血男儿那种“骑马挎枪打天下”的想法。他决定征求校长和教导主任的意见，希望得到他们的理解和支持。凑巧的是，这时学校接到东北人民政府教育部的通知，通知说沈阳新成立了东北实验学校，学校试用苏联的教学方法和教材，各校可保送高中一年级新生，各校的第一名可免试入学，其他学生经考试后按成绩录取。由于王永志的成绩一直位居榜首，学校决定推荐他免考入学。

一是参军，一是继续学习，面对摆在眼前的两条人生道路，王永志没有立即表态，他回到家中与大哥他们商量。家里一合计，认为读书为上。就这样，在全家的支持下，王永志在求学的道路上又迈上新的台阶，成为他人生的又一重要转折。

高中大门向王永志敞开了。离校前，他依依不舍地在母校走了一圈，内心百感交集。在这里，他从幼稚走向成熟，政治上入了团、入了党；学习上不断进步，成了学校的“状元”，是母校帮助他实现了理想和抱负。他心里默默地说：再见了，昌北中学，再见了老师、同学，我一定不负众望，以优异的成绩向你们汇报。

1950 年 2 月，王永志到达沈阳，进入东北实验学校学习。东北实验学校是当时全东北最好的中学之一。学校校长由东北教育部部长车向忱担任，他是非常有名的教育家。学校的领导和老师，许多是八路军中的高级知识分子。他们既有较高的文化知识水平，还有丰富的实际工作经验。为保证教学质量，学校还调入很多东北大学的教师，聘请了一些知名教授来讲课。学校条件非常好，有物理楼、化学楼、生物楼、实验室。教室更不用说了，宽敞明亮，设施超前，有当时时髦的麦克风、电表、毛玻璃黑板。这样好的条件，在当时全国的中学里也是屈指可数的。同学们高兴地编了个顺口溜，称赞教室是“玻璃黑板日光灯，水磨地板麦克风”。新建的大礼堂在当时也显得非常有气派，学校附近的东北人民政府和东北局，常常借用学校的礼堂举行会议。

立志学航空

到沈阳读书，拓宽了王永志的视野。同学们都是从各地初中挑选上来的尖子，他感到有压力的同时，政治热情和学习动力陡增。他凭着聪明才智和坚韧性格，在班里学习成绩优异，并担任班干部和团干部；在学校担任校团总支组织委员，是校篮球队的前锋。他严格要求自己，用自己良好的精神面貌来为同学们服务，赢得了大家的喜爱和尊重。

学习环境是人才成长的重要因素。东北实验学校的环境条件、师资，与昌北中学相比，自然要优越多了。正是这种良好的学习环境，把王永志引入科学的殿堂。老师们饱含知识情趣的每一堂课，通过深入浅出[①]的讲解，使他深切感受到了科学技术的魅力和力量。骑马挎枪的想法逐渐被学好科学技术搞建设所替代。

①深入浅出，成语，由深入显出演化而来。指言论或文章的观点主题意义深刻，但在语言文字的表达方式上却浅显易懂。出自清·俞樾《湖楼笔谈》六：“盖诗人用意之妙，在乎深入显出。入之不深，则有浅易之病；出之不显，则有艰涩之患。”

作为农民出身的孩子，王永志对农业科学的兴趣更浓。他的理想原本是当一名农学家，改良物种，提高农民的粮食产量，使人们富足起来。但很快，中国面临的现实改变了他的理想。

1950 年 6 月 25 日，朝鲜战争爆发。不久，美国出兵干涉，并将战火烧到了鸭绿江边。美国的飞机常常侵入我国东北领空，空袭警报频频响起。学校离机场不远，有时警报一响，王永志和同学们不得不躲进防空洞。学习环境遭受了破坏，学校也开始北迁。唇亡齿寒，朝鲜的存亡与中国的安危密切相关。10 月 8 日，毛泽东主席做出了“抗美援朝、保家卫国”的决定。在“赴国难，共伸义愤，卖牛买枪去从军……”的悲壮歌声中，学校有 1000 多名学生报名参军，王永志也毅然报了名。但被批准入伍的只有 100 多人，高中部被批准的人微乎其微，其原因是东北人民政府要求高中部的学生要集中精力搞好学习，成为国内建设的人才。王永志为此深感遗憾。

随着抗美援朝战争的推进，学校附近的机场上空出现了苏制米格— 15 喷气式战斗机。看到志愿军空军驾机起飞迎敌、展翅蓝天的飒爽英姿，王永志内心充满羡慕。当志愿军英雄张积慧击落美国王牌飞行员戴维斯的捷报传来，王永志兴奋得几个晚上睡不着觉。

王永志由此想到，国家的安全稳定是最重要的。保家卫国，光有勇气和不怕死的精神是不够的，武器是一个非常重要的因素。而飞机是一种极为厉害的现代化武器，是国家安全的重要保障。如果没有强大的国防作后盾，就没有安静的学习环境，什么改良物种、当农学家不过是一句空话。

他的理想和志向由此来了个急转弯，从地下的农作物转到了天上的飞机。他想，如果我能上大学，就要争取读飞机设计专业。听说清华大学有航空系，王永志瞄准这一目标，认真复习，积极备考。苍天不负苦心人，王永志被清华大学航空系飞机设计制造专业录取了，实现了自己的人生选择——走向航空航天的征程。学校保留的王永志毕业时的档案，记录了他高中 3 年的表现：几乎门门功课都是 5 分。

信步清华园

1952年初秋，王永志离开了东北家乡，来到了首都北京。“十里清华园”敞开了胸怀迎接这些来自祖国各地的优秀学子。清华大学是国内享有盛誉的一流大学，水木清华，荷塘月色，西山紫气，三秋红叶，古色古香的清华学堂匾额，美轮美奂的欧洲古典式的大礼堂和中国传统的建筑系教学楼，和谐优美，相映生辉。

迎新会上，校长蒋南翔谈到了清华大学的校训“自强不息，厚德载物”，并解释说，这两句话，来自古代《易经》中的“天行健，君子以自强不息；地势坤，君子以厚德载物”。意思是说，天的性质刚健，永远不停地运动，人应该效法天的刚健，努力向上，永不停息。自强不息、开拓进取，是中国传统道德的重要典范，也是中华民族精神贯穿古今的优良传统。自强不息的开拓

进取精神不仅铸造了历史悠久的中华文明，而且激励着中华儿女向着更加光明的未来奋进。青年大学生要刻苦学习，自强不息，不断进取，革故鼎新。在清华读书要这样，今后走上工作岗位也要这样，才能有所作为。

校训激励着王永志这些年轻人的心。

入校不久，学校根据来自各地的新生水平参差不齐的情况，进行摸底考试，按成绩调整了班级。王永志分配在 101 班，即 10 个班的第一班。

名师云集的清华大学有重视基础课教学的传统。那时许多知名教授都教一门基础课和一门专业课。老师们特别强调对基本概念的理解，认为不论问题多么复杂、推导公式有多长，关键是要抓住基本概念和理论实质，其他问题就会迎刃而解。老师们讲课深入浅出、生动形象，王永志感到很“过瘾”，听后受益很大。他的思维能力、创新能力得到了很好的培养。

在清华大学，王永志第一次听到著名科学家钱学森①的大名。钱学森1950年8月启程回国前，在美国已非常有名，这位“无论在哪里，他都值五个师”的火箭专家，遭到美国扣留。1953年，清华大学召开一场“抗议美国政府阻挠，声援钱学森回国”的师生大会。在集会上，建筑学家梁思成等学术权威，纷纷发表讲话，声援钱学森回国。王永志听说钱学森的大名后，便马上到图书馆，找来《科学家小传》，专门拜读了钱学森的事迹。1955年10月，钱学森终于冲破重重阻力，回到了祖国。

①钱学森(1911.12.11－2009.10.31)，汉族，生于上海，祖籍浙江省杭州市临安。世界著名科学家，空气动力学家，中国航天事业的奠基人。1934年，钱学森毕业于交通大学机械与动力工程学院，曾任美国麻省理工学院和加州理工学院教授。1950年钱学森回国受阻，并受美国方面监禁，1955年，在毛泽东主席和周恩来总

理的争取下回到中国。1956年年初，钱学森向中共中央、国务院提出《建立我国国防航空工业的意见书》。同时，钱学森受命组建中国第一个火箭、导弹研究院——国防部第五研究院并担任首任院长。他主持完成了“喷气和火箭技术的建立”规划，参与了近程导弹、中近程导弹和中国第一颗人造地球卫星的研制，直接领导了用中近程导弹运载原子弹“两弹结合”试验，参与制定了中国近程导弹运载原子弹“两弹结合”试验，参与制定了中国第一个星际航空的发展规划，发展建立了工程控制论和系统学等。在钱学森的带领下，1964年10月16日，中国第一颗原子弹爆炸成功，1967年6月17日，中国第一颗氢弹空爆试验成功，1970年4月24日，中国第一颗人造卫星发射成功。由于钱学森回国效力，中国导弹、原子弹的发射向前推进了至少20年。

在清华大学的一年时间里，王永志不仅在飞机设计专业的基础知识方面学得扎扎实实，而且世界观和人生观也受到了很好的启迪。休息日，他与同学们一起制作航模，到圆明园的废墟上去放飞。他想，作为一名国家培养的大学生，应该有一种在科学事业上敢于攀登的崇高理想，有一种为祖国争光、为民族争气的博大情怀。

不久，中国高等院校院系调整，王永志随清华大学航空系一起转入新成立的北京航空学院（现北京航空航天大学）。由于北京航空学院正在建校，他们仍在清华大学上课。

留学预备班

为尽快恢复因战争带来的创伤，建立起一个强大的新中国，以毛泽东为首的第一代领导人高瞻远瞩①，从国家发展的大局出发，决定挑选一批品学兼优的学生赴苏联学习。

①高瞻远瞩，成语，意思是站得高，看得远。出自汉·王充《论衡·别通篇》：“夫闭户塞意，不高瞻览者，死人之徒也哉。”

就在第一学年结束的时候，系领导找到王永志，对他说：“组织上准备选拔一批留苏学生，我们决定让你参加选拔考试，你愿意不愿意？如果你通过了考试，家里同不同意？”

王永志当时没有一点思想准备，但他听说“留洋”，心里非常高兴。他知道，苏联是当时世界上科技最先进的国家之一，去那里留学一定会对今后的人生有所裨益。他随口答道：“我当然愿意，至于家里，应该没问题，不会阻拦我的。”于是，王永志参加了选拔考试。

假期回家，他向母亲和大哥汇报了学习情况和留学的打算。母亲一听，连声说道：“不去，不去，苏联那个地方，大老远的，一个人多孤单害怕啊，不如大学毕业回到咱镇上教书实在。”“儿行千里母担忧”，母亲的忧虑可以理解，但大哥又一次支持了他。

不久，留苏选拔考试的成绩下来了，王永志以过硬的成绩被选中。就像涓涓溪流终究要归大海一样，他的求学之路从曲折的山谷奔流而出，进入了一马平川的原野，然后汇聚成一股难以阻挡的力量，奔向浩瀚的知识海洋。小学、初中、高中、大学，如今要成为新中国选送出国的留学生了。这一点，是王永志始料不及的。

出国前，被选派留苏的学生先被安排到北京俄文专修学校内的留苏预备部学习俄语。预备部学生都是全国优中选优的大学生和应届高中毕业生。这个青春年少的群体，人人胸怀大志，个个充满激情。强烈的求知欲望和宏伟的志向，鼓舞着这里的每一个人。对王永志来说，学俄语是一个新的领域。而俄语的发音，对他这个东北人来说并未感到太难。他使出了学习数理化课程的绝招，找规律，博学强记。两年下来，他以 5 分的成绩取得了专修俄语的学历。

1954 年 9 月，在留苏预备部，王永志认识了来自上海的姑娘王丹阳。王丹阳当时以 17 岁较小的年龄考入东北师范大学。一年后，她在选派留苏的考试中以优异的成绩从学校的 1000 多名学生中脱颖而出，来到了北京。此时的王丹阳，正值妙龄花季，眉清目秀、身材窈窕，眼神中闪现着上海女性的机灵与细腻，显得落落大方。她的美丽聪颖让王永志心动，同样，王永志的英俊洒脱、风度翩翩给她留下了很好的印象。他们在学习中相互帮助，不断了解，两颗年轻的心慢慢地走近了。不久，他俩同赴莫斯科留学，翻开了他们人生中最难忘的一页。

第二章

留学苏联

就读莫航

1955 年 8 月中旬，带着祖国的期望，带着自己的梦想，王永志登上了开往莫斯科[①]的留学生专列。从北京到莫斯科，漫长的一万多千米，列车整整走了 7 天 8 夜。

①莫斯科，俄罗斯首都，始建于 1147 年，最初只是一个木头构成的小城。15 世纪，俄罗斯人从蒙古人手中夺回了自己的国家。在 15~18 世纪沙俄统治期间，莫斯科被定为首都。1712 年，彼得一世迁都彼得堡。十月革命之后，苏维埃政权于 1918 年 3 月又定都莫斯科。莫斯科是一座历经沧桑、饱受苦难而仍然巍峨挺立、辉煌壮丽的英雄城市，她又像一颗点缀在苍葱翠绿、碧波万顷的森林大海中的璀璨宝石，被誉为“森林中的首都”。

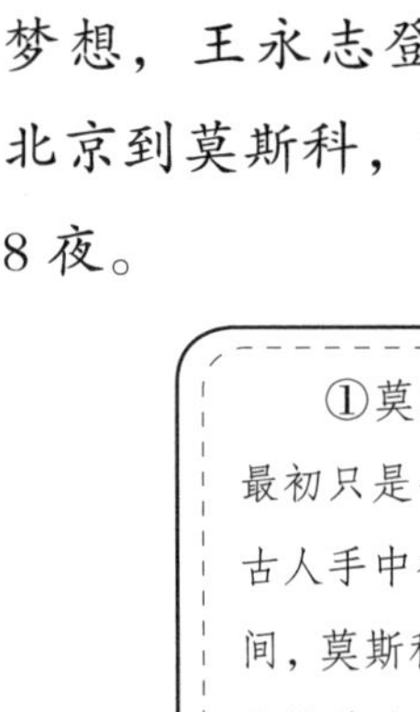

王永志就读的莫斯科航空学院（简称莫航）位于莫斯科的西北方向。莫航是苏联培养航空航天技术人才的高等学府，也是世界上最为著名、最大的航空院校之一，1930 年建校。学院环境优美，教学楼、体育馆、足球场、电影院及礼堂等美丽的欧式建筑与绿地和环绕四周的一片片森林，构成和谐的校园，而西面不远处便是成片的森林及静静流淌着的一条小河，简直像在画里一样。学院的师资和技术设备堪称世界一流，汇聚了当时许多蜚声国际的航空航天专家、教授。

初来乍到，全新的语言环境，一流的科研设施，一张张新奇的面孔，令王永志激动，催他奋进。发愤努力，为国争光，成了他心中唯一的愿望。

在航空系的第一学年里，学习是十分紧张、艰苦的。在繁重的功课面前，许多苏联学生已感吃力，何况是初入异境、语言尚未过关的中国学生。王永志上课起初听不懂，就借苏联同学的笔记，然后复习，做作业。学校对学生的住宿安排很有讲究，4 个人一间，其中 3 个是苏联人，另一个是外国留学生，自然形成一种封闭式的俄语环境，这不仅融合了各国学生的感情，也强化了外籍学生的语言能力。每当学习紧张时，王永志就用普希金《致恰达耶夫》里的那句诗“同志，相信吧，迷人的幸福的星辰，就要升起，射出光芒”来勉励自己。

在莫航的环境中，王永志对飞机的迷恋更深了，只要有飞机设计师作报告，他必参加。每年在学校附近机场举办的航空节，各种飞机的精彩表演，使他流连忘返。

为加强留学生之间的联系，中国在莫斯科成立了留学生总会，在各大学设立中国留学生学生会。同时，苏共中央给中共中央一个特殊待遇，允许成立留学生党组织和组织政党活动。由于学有余力、俄语好，经同学们选举和中国驻苏联大使馆批准，1956 年以后，王永志担任中共莫斯科航空学院党支部书记。后来，

莫航邻近区域的化工机械学院、食品工业学院等校的党组织合并，王永志担任了党总支书记。此后，王永志又兼任了莫航留学生学生会主席，担负起对外联络、协调的任务。

在学习过程中，王永志想到，留学的目的，不仅是自己学好国外先进的科技知识，还应把这些知识介绍到国内去，分享给更多的人。在一年级暑假的时候，他看到《喷气式飞机》一书，觉得很好，由于当时国内缺乏介绍喷气式飞机方面的书籍，于是他和同学一起在1957年暑假将该书翻译完毕，该书于1958年由国防工业出版社正式出版。《喷气式飞机》是王永志的第一部译作，但没想到这也是他与航空专业的告别之作。

见到毛主席

1957 年 11 月，毛泽东主席率领中国代表团出访苏联。毛主席于 11 月 7 日参加了十月革命庆典后，接着又参加了国际共产党高级首脑会议。最令留学生们惊喜的是，中国驻苏联大使馆通知莫斯科的中国留学生，说毛主席将于 11 月 17 日在莫斯科大学接见中国留学生，留学生们群情激动，奔走相告。

莫斯科大学于 1755 年创办，是苏联（俄罗斯）规模最大、历史最悠久的综合性研究型高等院校之一，也是欧洲顶尖、世界著名的高等学府，坐落在风光秀丽的列宁山上（现已恢复原名麻雀山），校园广场上竖立着创建人罗蒙诺索夫的铜像。铜像的身后是高 32 层的莫斯科大学的中央大楼。这幢大厦连同塔尖，总高度达 240 米，顶端是穗形环绕的红玛瑙石五角星，白天与日同辉，夜间光芒四射，与克里姆林宫①塔尖的红星遥相辉映，气势恢宏而壮观。莫斯科大学是培养俄罗斯民族精英的摇篮，以其历史悠久、规模宏大、成就斐然著称。在200多年的历史中，莫斯科大学培养了数十万名专家和各类杰出人才，奠定了这个伟大民族深厚的文化底蕴。

①克里姆林宫是世界上最大的建筑群之一，是历史瑰宝、文化和艺术古迹的宝库，位于莫斯科心脏地带，是俄罗斯联邦的象征、总统府所在地。位于俄罗斯首都最中心的博罗维茨基山岗上，南临莫斯科河，西北接亚历山大罗夫斯基花园，东与红场相连，呈三角形。保持至今的围墙长2235米，厚6米，高14米，围墙上有塔楼18座，参差错落地分布在三角形宫墙上，其中最壮观、最著名的要属带有鸣钟的救世主塔楼。5座最大的城门塔楼和箭楼装上了红宝石五角星，这就是人们所说的克里姆林宫红星。

得知毛主席要接见留学生，王永志早早地从城北的莫斯科航空学院赶到了莫斯科大学，而王丹阳已经在大礼堂靠近讲台的第六排处给他占了一个座位。因为毛主席一整天都与苏联和各国共产党领导人会谈，只有等到下午会谈结束后才可能抽出时间来接见留学生。这期间，想见毛主席的留学生实在太多，很多人上厕所、吃饭都不敢出去，唯恐自己的座位让别人占了。傍晚6点左右，毛主席出现了。一代伟人面带笑容，向留学生们招手。大家使劲地鼓掌，掌声一浪高过一浪。

毛主席健步走上莫斯科大学大礼堂的讲台，大手一挥，掌声立即被浓厚的湘音所替代。毛主席的第一句就是："世界是你们的，也是我们的，但归根结底是你们的。你们青年人朝气蓬勃，正在兴旺时期，就像早上八九点钟的太阳，希望寄托在你们身上。"全场响起了雷鸣般的掌声。这历史性的亲切嘱托，使全体留学生大受鼓舞。

毛主席在讲话中，字里行间表达出对留学生们的期待，希望他们能够学成归国，为建设自己的国家奉献力量。毛主席的接见，给中国留苏学生留下了幸福的回忆。大家纷纷表示，我们是国家选派出来的年轻一代，无数工人和农民的辛勤劳动支撑着我们的留学费用，我们一定要学好干好，肩负起历史的使命，不辜负毛主席的嘱托，不辜负党和人民的期望。

对王永志来说，这一天更是机缘巧合，因为这天是王永志25岁生日，也是他的入党纪念日。在这个日子里，能亲耳聆听伟大领袖的谆谆教导，使他终生难忘。

改学火箭专业

根据1957年10月15日中苏双方签订的协定，苏联将接收中国部分火箭导弹专业的留学生。由于航空、航天专业一二年级的基础课相同，到三年级时专业课才有所区别，因此和其他院校的科系一样，决定将部分飞机设计专业的刚上三年级的学生转向火箭导弹设计专业，以便早毕业早回国工作。中国驻苏联大使馆根据学生的情况，将莫斯科航空学院飞机设计专业三年级的8名留学生全改学火箭导弹设计专业，并将名单通知莫航，王永志名列其中。

接到改学专业的通知，王永志心里很矛盾。一方面，他在飞机设计专业已经学了几年，有了一定的基础，从情感上来说有点割舍不下；另一方面，火箭导弹专业是一个新兴的领域，心里没底。但那个年代，年轻人的命运是和国家的命运休戚相关①的，祖国的利益高于一切！苏联的同学也鼓励他说：“改学火箭专业多好啊！导弹、原子弹是当代最尖端的科技。飞机的飞行高度不过上万米，火箭可以上升到几百千米以上的空间，甚至到外星上去。如果掌握了洲际战略导弹，它可以把核弹头送到地球上的任何角落，一旦遭到侵略，可以直捣敌人的老巢，比飞机要厉害多了。那时，看谁还敢对中国轻举妄动！”

①休戚相关，忧喜、祸福彼此相关联。形容关系密切，利害相关。休：喜悦、吉利；戚：忧愁、悲哀。出自《国语·周语下》“晋国有忧，未尝不戚，有庆，未尝不怡……为晋休戚，不背本也。”近义词：息息相关、唇齿相依；反义词：漠不关心、无关痛痒。

神圣的责任感和同学们的激励，很快使王永志转变了观念，坚定了服从国家发展需要、学好火箭技术的决心。火箭，对于王永志来说，是一个熟悉的字眼。在中学时代，他从老师那里和课本上知道，中国早在宋朝时就有火箭了。回想那天在电视荧屏上目睹苏联将人类第一颗人造地球卫星送上天的情景，转学火箭专业，王永志更多地感到责任重大。他感谢祖国把他送到莫斯科，来到了苏联，赶上了人类开始向太空进军的时代。而自己，也将成为探索宇宙这个科研团体中的一员。想到这里，他心中充满快慰。

在苏联，火箭专业属于保密专业，学校规定，所有学生的笔记本不许带出课堂，课后收回，放学时还可能被抽查书包，看是否带走资料。如此严格，迫使王永志和其他中国留学生博识强记，该记住的内容就要死死记在脑子里。课堂上，他如饥似渴地学习火箭专业知识，了解近代火箭的发展历史，对那些人类航天的先驱产生了崇拜之情。苏联的齐奥尔科夫斯基、法国的埃斯诺·贝尔特利、美国的罗伯特·戈达德、德国的赫尔曼·奥伯特与冯·布劳恩等先驱，在近代航天的探索中所做的开创性工作，他们的探索精神和敢于牺牲的精神，在王永志脑海中留下了不可磨灭的印象，深深地激励和鼓舞着他以后的成长。

导师的爱徒

那时，苏联实行的是5分制。按照苏联对学生学业的要求，在校6年期间，所有课程的考试成绩中不能出现一个3分，4分只能有几个，其余全部是5分，才能拿到优秀毕业生的带红字的毕业证书。在持续学习高等数学这门基础课的5年里，王永志是班里唯一一直获得5分的学生；而机械制图则提前通过……他和几位同年级的中国同学常常上年度红榜。除了学习优秀外，王永志在社会活动方面也毫不逊色。他担任过校内中国留学生支部书记、邻近莫航各校的地区党总支书记。

王永志取得好的成绩，诀窍在哪儿？他自己认为，上课认真听讲记牢，课后抓紧时间马上消化。别人比自己强，他从不嫉妒，而是善于学习和汲取别人的优点和长处，以强烈的进取心去赶超别人。可以用“上课听懂，下课消化，博采众长，凝练精华”来概括王永志的学习特点。

谈到学习和科研方法，他认为“首先要认真观察，从实践中发现问题，提出问题；第二是把问题抽象出来，形成一个科学命题；第三是寻求科学方法来解决它”。

在留学生涯中，王永志有幸得到苏联航天界著名专家米申教授的赏识。米申教授是苏联火箭之父科罗廖夫的第一副手，兼任莫斯科航空学院火箭教研室主任。米申教授看中了这个中国人，主动向系主任提出带王永志做毕业论文。这是他带的唯一的中国学生。

名师的引导，对一个人科研方向的形成、科学思维方式的养成，都有着重大影响。如果一名勤奋好学、富有天赋的学生在科研中得到一位大师的指点，他可以在成才的道路上节省很多时间，迅速走向科研的前沿地带。

在第一次见面会上，米申教授直截了当地对王永志说："你不用担忧，虽然目前中苏两党、两国关系破裂了，但那是政治家的事。我们是搞科学技术的，我们之间的关系没有改变，仍然是师生关系。有什么问题尽管问，不要有任何顾虑，你一定要把毕业论文做好。"米申教授的坦诚之语，使王永志感到很宽慰，甚至有些意外。王永志打消了心中的疑虑，投入到紧张的毕业论文中去。他从国家需要出发，选择题为《洲际导弹[①]设计》的毕业论文。米申教授像对待自己的孩子一样，有问必

①洲际导弹是洲际弹道导弹(intercontinental ballistic missile)的简称，通常指射程大于8000千米的远程弹道式导弹。它是战略核力量的重要组成部分，核三位一体中两极的重要条件。主要用于攻击敌国领土上的重要军事、政治和经济目标。洲际弹道导弹具有比中程弹道导弹、短程弹道导弹和新命名的战区弹道导弹更长的射程和更快的速度。

答，尽心尽力地进行指导。在论文设计中稍有一点马虎和不妥之处，他就会很认真严肃地指出来，直到满意为止。米申教授渊博的学识、丰富的工程经验、严谨认真的态度和诲人不倦的精神，令王永志终生受益、终生难忘。

经过半年多的努力，王永志完成了毕业论文《洲际导弹设计》。在论文答辩时，评委老师一致对王永志的论文给予了高度的评价。《洲际导弹设计》获得最高分5分。作为答辩委员会主席的米申教授高兴地勉励他："这是你第一次当洲际导弹的'总设计师'，希望这不是你最后一次当总设计师。"米申的话既是肯定，也是勉励。因为他从王永志的身上，推断这位异国学生在未来的研究生涯中，将青出于蓝而胜于蓝，不辜负老师和他祖国的期望。

心系祖国

王永志以优异的成绩从莫斯科航空学院毕业，并获得了优秀生毕业文凭。就在王永志准备回国之际，莫斯科航空学院副院长克里莫夫亲自劝他留下来继续攻读研究生学位，这是该校破例让一位外籍学生留下来在火箭这个保密专业继续深造。米申教授找到他，诚恳地对他说："在我的学生中，我非常器重你。目前中苏关系虽然很糟糕，但我希望你留下来，当我的研究生。只要你愿意，中国大使馆方面、苏联方面，我可以做工作。"王永志明白老师的苦心，因为当时在苏联，火箭导弹设计属于保密专业，不招外国研究生。老师能出此言，要顶着多大的压力啊！毋庸置疑，当时苏联的航天技术是世界一流的，他们创造的科学神话和人间奇迹，在王永志心中留下了深刻记忆。在莫斯科的几年，他耳濡目染了第一枚洲际导弹成功发射、第一颗人造地球卫星上天……年轻的心涌动着一股渴望，渴望着有一天在中国放飞自己研制的卫星。

去与留，在王永志心中是非常明确的。留在这里当研究生固然可以在苏联宇航界权威身边学习深造，但他更愿意及早投身到祖国航天创业大军的行列之中。

这时，中国已开始了“两弹一星”[①]伟大工程，火箭研制正在艰难中蹒跚起步。特别是中苏关系破裂后，苏联单方面撕毁合同，撤走了所有专家，中国的社会主义建设遇到新的困难。祖国眼下急需用人啊！王永志想，我应回国参加工作，赶快把学到的东西用上，尽快回去解决自己国家面临的技术问题。他决定立即回国。

①“两弹一星”通常是指导弹、原子弹、人造地球卫星。20世纪50年代中期，面对严峻的国际形势，为抵制帝国主义的武力威胁和核讹诈，以毛泽东同志为核心的第一代党中央领导集体，为了保卫国家安全、维护世界和平，高瞻远瞩，果断地做出了独立自主研制“两弹一星”的战略决策。大批优秀的科技工作者，包括许多在国外已经有杰出成就的科学家，以身许国，怀着对新中国的满腔热爱，响应党和国家的召唤，义无反

顾地投身到这一神圣而伟大的事业中来。他们和参与“两弹一星”研制工作的广大干部、工人、解放军指战员一起，在当时国家经济、技术基础薄弱和工作条件十分艰苦的情况下，自力更生，发愤图强，完全依靠自己的力量，用较少的投入和较短的时间，突破了原子弹、导弹和人造地球卫星等尖端技术，取得了举世瞩目的辉煌成就。

王永志找到米申教授，坦诚地说了自己的想法：“米申老师，正如您所知道的，中国急需人才，等着我们回去参加建设。”

克里莫夫副院长还认为他“想念年轻漂亮的妻子”而执意回国，他怎能了解王永志内心深处那种对祖国的深深眷恋啊！

老师、同学们都来向王永志道别。王永志收拾行李时，几位老师不约而同地来到宿舍，一边话别一边帮助整理行装，苏联导弹设计权威扬格利的夫人斯特拉日娃送给王永志不少苏联极好的糖果等食品。最后，克里莫夫副院长还一直送他到回国的列车上。王永志十分感激，多么好的师生情谊啊！师生们依依惜别。

再见了，莫斯科！再见了，敬爱的老师们！

1961年3月，王永志踌躇满志地踏上了归国的行程。他回到祖国就踏上了研制火箭的道路。留学时的理想抱负，多年来一直在激励着他义无反顾、从不回头；灼灼其志，烁烁其华；一路斩关夺隘，一路走向成功……中国的航天事业，于是多了一名骨干、一名将才、一名帅才。大地作证，蓝天作证，共和国作证。

第三章

大漠砺志

到第一线去

1961 年 3 月，王永志毕业回国。国家派出去的留苏学生，早已在人事部备案。他一回国，就被安排在国防部五院一分院总体设计部工作。

到单位报到后，留学生们首先被安排为期 3 个月的政治学习。学习的目的是让远离祖国多年的学生了解国内形势，在政治上与国内接轨，以免工作中犯政治错误。除了学习时事政治外，单位还进行保卫、保密教育。在那个国际政治斗争非常复杂的年代，加强保密宣传教育是非常必要的。3 个月后，政治学习结束，王永志进入总体室，正式开始工作。总体室的领导和同志对王永志等新来人员在生活和工作上非常关心，总体室政委还亲自为王永志送来白色军用搪瓷脸盆和绿色军用毛毯等。

可没想到两个星期后，组织上又安排王永志去结构室工作，并任命他为工程组副组长。在总体设计部，总体室是龙头，去结构室等于是被“下放”①了。领导告诉王永志，他虽然是学总体设计的，但如果刚参加工作就搞总体设计，对他的发展不一定有利。只有先掌握导弹的各个分系统，才能在总体设计上有发言权。因此组织决定安排他先到结构室，了解导弹结构是如何设计的，又是怎样生产出来的，其中要开展哪些测试，做哪些试验。对于组织上的安排，王永志欣然接受。到了结构室以后，王永志很快对导弹的结构和原理有了更进一步的了解。

①下放有三个释义：

1. 向下面放；2. 干部、知识分子调到工厂、农村等基层工作生活；3. 上层的权力移交给下级。在本文中是第 2 个释义。

1962 年 3 月，我国自行设计的第一枚中近程导弹发射失利。发射失利，就必须分析问题，找出故障，重新设计。此后一段时间，王永志与同组科研人员对导弹结构设计中的每一个问题都抠得很细，都问一个为什么。重新设计完毕，图样下厂生产，王永志被指定为下厂工作组组长，配合生产，解释图样，跟踪每个生产环节，以确保生产质量。考虑到王永志经验欠缺，上级指派有经验的老同志当副组长，协助和配合王永志的工作。这样一来，王永志在实践中得到了很好的锻炼。按他自己的话说："组织上真是下工夫培养我啊！"

转眼到了1963年夏，两年过去了。组织安排王永志回到总体室，担任设计组组长。这段下基层的经历，就像下海学游泳一样，在磨炼中，王永志比较清晰地掌握了导弹的构造，弥补了书本上的不足，增强了解决问题的能力。回到总体室，一谈到导弹结构和制造工艺，王永志侃侃而谈，同事们奇怪而赞赏地问道："你怎么这样清楚啊？"王永志谦虚地说："我不过是知其皮毛而已，这点基本功，主要来自基层的学习和领导的培养。"他深深地体会到，一个人的成长需要无数良师益友的帮助，需要到实践中去磨砺。

走进戈壁滩

1964年5月，作为总体设计组组长的王永志，第一次参加发射中国自行设计的中近程导弹任务。载着108名参试人员和试验导弹的专列向大西北驶去。由于是特殊时期执行特殊任务，专列规格很高，每过一站，车站都要清场，戒备森严，站长亲自到车站接送。列车上，王永志的心情久久不能平静，第一次参加导弹的发射工作，他深感国家对航天事业的重视和自己所承担的责任。

在列车上，他听同事讲了有关建设发射基地的故事。20世纪50年代末，数以十万计的工程兵、铁道兵部队和建筑工人从四面八方秘密向大西北开进，开始了建设我国导弹试验基地的巨大工程。而这条铁路专线，则是在数以万计人的无私奉献下，一米一米地向试验基地延伸出来的。残酷无情的戈壁风沙多次淹没这条生命线，但在人们的精心呵护下，这条生命线始终保持着旺盛的生命力。

列车渐渐地接近了酒泉导弹试验基地。酒泉[①]位于戈壁腹地，山脉连绵，戈壁浩瀚，盆地毗连，构成了雄浑独特的西北风光。这里既有银装素裹的冰川雪景，也有碧波溪流的平原绿洲，还有戈壁沙漠的海市蜃楼。酒泉山川秀丽，南有祁连山，北有合黎山，云山邈远，大漠苍苍，犹如一颗碧玉镶嵌其间，构成了大西北一幅美丽的画卷。

①酒泉以“城下有泉”“其水若酒”而得名。《神异经》记载：“西北荒中有酒泉。人饮此酒，酒美如肉，清如镜。其上有玉樽，取一樽复一樽出，与天地同休，无干时。饮此酒人，不死长生。”在《汉书地理志下》中，颜师古注释道：“旧俗传云，城下有金泉，泉味如酒。”这个城下的金泉曾引出了一个美丽的传说：相传一穷人饮了此泉水后，就捡到一块金子，便感恩戴德地称此泉为“金水泉”。自此，金水泉之名便流传开来。汉代大将霍去病奉武帝之命西征，连连获胜。汉武帝赐御酒以嘉奖，但是酒少将多，难供众饮。霍去病便将御酒倒入此泉中，让全体官兵都饮，共同享受皇帝的嘉奖。倒入酒的泉水，醇香异常，官兵无不称道。自此，

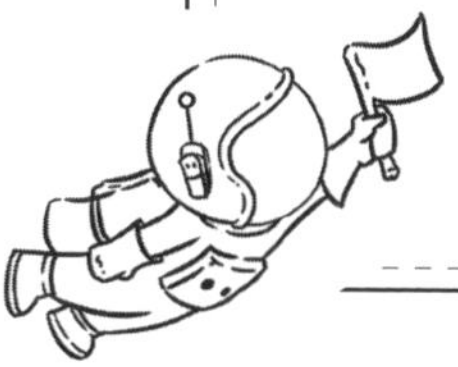

金水泉改名为酒泉。此后，无论春夏秋冬，还是干旱无雨，酒泉都水源充足，清澈见底，且有醇厚酒香，云雾蒸腾，蔚为大观。唐代大诗人李白在《月下独酌》一诗中写道：“天若不爱酒，酒星不在天；地若不爱酒，地应无酒泉……”

专列在戈壁滩上行驶，王永志开始感到口很渴，想不断地喝水，而身体在不断地蒸发水分，喝多少水也不出汗，因为体表的汗水很快就蒸发到空气中去了！而戈壁那么宽、那么长，肆无忌惮地往远处伸展，似乎没有尽头，几个小时过去，除了偶见的羊群、驼群和蒙古包，很难再见到人烟。

基地终于到了，它离酒泉有200多千米，位于内蒙古自治区额济纳旗。专列缓缓停下，王永志与同事们带上行李住进了简陋的招待所。

没有到过大漠戈壁的人，恐怕很难真正体味出绿色的意义；没有到过发射基地的人，就难以感受到生活在这里的艰辛。

发射基地的自然环境是恶劣的。这里冬季最低气温零下34摄氏度，夏季最高气温42摄氏度，戈壁地表温度高达80摄氏度；这里年平均降水量仅43.2毫米，而年平均蒸发量却高达3413.1毫米。早晚温差较大，空气中的含氧量只有16%左右，有“早穿皮袄午穿纱，抱着火炉吃西瓜”的民间俗语。放下行李，王永志在基地附近转了一圈儿，然后回到那朴实简陋的小屋。

第一次走进大漠，他觉得既新奇，又感到落寞。他想，既然为祖国的强盛来到了这茫茫大漠，就要勇敢地担起重任，在这荒凉的戈壁中培育打造人生事业的绿洲。航天事业已内化成胸中的抱负，内化成科技报国的理想。

第二天，王永志便投入到紧张的导弹检测工作中。

才华初显

1964年6月下旬，在酒泉导弹试验基地，我国自行设计的第一枚中近程导弹像出鞘长剑，矗立在酷热的戈壁大漠之中。

在导弹即将发射的时候，代替发射命令的却是一个告急的报告。因天气暴热，导弹推进剂在高温下膨胀了，燃料贮箱内不能灌进所需数量的燃料，这将会严重影响设计的射程。弹道计算组报告：射程不够了，弹头将无法飞抵弹着区。空气顿时紧张起来。一个接一个的现场研讨会、论证会，专家们都在苦苦思索，不断提出解决方案，但几经推敲后又被否定掉。

看着总设计师、老专家们一个个着急的神态，王永志更是心急如焚。他沉思着，在当前高温情况下，要注入理论上所需的推进剂，必须扩大燃料箱，这显然是不可能的。是否可以另辟蹊径呢？想着想着，他突然眼前一亮：温度升高，推进剂密度就要变小，发动机的节流特性也要随之变化，是不是可以从发动机节流特性去考虑呢？如果从这里找到突破口，导弹就能正常发射！于是，他拿起笔计算高温情况下推进剂的配比（混合比）来。通过一夜的反复思考和计算，并经同组的朱维增复核复算，他得出了在高温下一个自认为理想的结果：减少600千克的燃料，这枚导弹照样可达到预定射程。

在第二天上午的讨论会上，他充满自信地报告了自己的解决办法。没想到却无人赞同。有的专家说，射程不够是导弹的能量不足，应该设法增加推进剂才是，怎能反而减少呢？这个办法不可行。

王永志实在不甘心。他始终认为，自己的思路是正确的，计算结果是可信的，是解决问题的最现实的出路。既然专家们不能采纳自己的建议，索性不如去找发射现场最高技术决策人钱学森院长。

越级找院长是需要勇气的。此时，王永志已经顾不了那么多了。他壮着胆子找到了钱学森，鼓起勇气向他陈述了自己思考的方案。这时的钱学森，也在为推进剂的温升问题冥思苦想。听完王永志关于解决射程问题的方案，钱学森眼前一亮。他沉默了几分钟，显然在思考王永志所提方案的准确程度。不久之后，他兴奋地拍了拍王永志的肩膀说："行，我看这个办法行。"作为科学巨匠、火箭权威，钱学森所下的结论，可谓一言九鼎。

"小荷才露尖尖角"，钱学森显然看到了这位年轻人的胆量和才智。简短的话语，既是鼓励，又是赞同。自己的设想得到钱学森的认可，王永志内心充满了感激和高兴。

在新一轮的讨论会上，钱学森把王永志的建议和盘托出，并最后决策道："就按王永志的建议办。"

1964年6月29日7时，一声巨响，导弹腾空而起，向预定目标飞去。试验结果表明，经过改进后的导弹三大系统全部工作正常，发射取得圆满成功，而且射程也满足要求。

顿时，戈壁滩上掌声雷动，欢呼声此起彼伏，此时的王永志更是激动不已。

火箭泄出一些燃料后，射程反而达到预期的目标，王永志的建议得到了检验，他的创新路线和逆向思维[1]得到了同事们的赞赏，受到试验队的表扬，也引起了钱学森的关注。

①逆向思维，也称求异思维，它是对司空见惯的似乎已成定论的事物或观点反过来思考的一种思维方式。敢于"反其道而思之"，让思维向对立面的方向发展，从问题的相反面深入地进行探索，树立新思想，创立新形象。司马光砸缸就是逆向思维的一种体现。有人落水，常规的思维模式是"救人离水"，而司马光面对紧急险情，运用了逆向思维，果断地用石头把缸砸破，"让水离人"，救了小伙伴性命。

中程导弹

完成了试验任务后，王永志风尘仆仆①地回到北京。上级决定，把王永志调去从事中程导弹的研制，并提升他为总体设计室副主任，在总设计师屠守锷、总体部副主任孙家栋的领导下，分管中程导弹的总体设计和研制工作。

①风尘仆仆，成语，形容旅途奔波，忙碌劳累。风尘：指旅途，含有辛苦之意；仆仆：行路劳累的样子。出自元·尚仲贤《柳毅传书》："你索是远路风尘的故人。"

王永志立即转入中程导弹的研制工作中。中程导弹与中近程导弹相比，将采用全新的技术方案，要求性能上有一个质的飞跃，为中国导弹的应用提供更广阔的空间。

在中程导弹研制中，王永志担任了型号总体设计室的副主任，从事总体参数选择和优化、技术指标论证、各分系统设计方案的选择和制定等工作。他提出了许多切实可行的方案，均被屠守锷采纳，为研制工作争取了时间，降低了成本，同时也显示出了王永志出众的才华。在我国导弹事业迈上新台阶的关键时刻，作为中程导弹总体设计室主管副主任和重要的技术骨干，特别是在室主任王觉先被长时间下放锻炼期间，王永志发挥了重要作用。

在中程导弹研制中，王永志的组织管理才能也得到充分的体现。该型号研制进展神速，首次飞行试验获得成功，实现了完全独立自主研制导弹的重大突破。

首飞成功之后，王永志分工主管首飞结果分析和确定 02 批（定型验证批）的技术状态和飞行试验方案。不久，研究院传达了周恩来总理的指示，称中程导弹有重大实用价值，为适应当前安全形势的需要，要尽快定型交付使用，形成战斗力。

想国家之所想，急国家之所急。王永志经过反复思考，提出了“五结合”的飞行试验方法：飞行试验与定型验收试验相结合；飞行试验与小批生产相结合；飞行试验与训练部队相结合；飞行试验与熟悉、编写使用文书相结合；飞行试验与两弹结合试验相结合。这种方法将研制性和鉴定性飞行试验兼顾起来，研制性飞行试验成功几次后，便转为鉴定性试验，并准备小批生产，已成功的研制性试验也可作为鉴定性试验的子样。鉴定性试验由部队担任一岗，按实战状态测试发射，修改完善相关文件。小批生产的产品及文件交付部队，供训练和使用。这样就大大缩短了导弹的定型与交付时间，使作战使用部队尽快拿到装备，尽快熟悉和掌握导弹的发射技能，尽快形成战斗力。该建议很快被各级领导采纳，认为符合“一要有，二要快”“要准备打仗”的精神，可在以后的飞行试验中应用。

中程导弹后续的研制工作接连取得了巨大成功，它的高性能和高可靠性，得到了普遍的好评和赞誉。“中程导弹总体设计”在 1978 年获得全国科学大会奖，王永志是该奖项的主要完成人之一。

中程导弹研制的实践，极大地锻炼了王永志全面分析问题的能力和组织才能，使他在技术方面积累了丰富的经验，在管理方面也日趋成熟，为日后的不断创新、不断成功打下了坚实有力的基础。

向总理汇报

1969年年底，王永志从中程导弹的研制队伍中被抽调出来，参加洲际导弹的研制，主持该型号总体设计室工作，后来被任命为洲际导弹副总设计师。洲际导弹研制与中程导弹相比，难度又增加了。

按研制程序规定，全弹试车是飞行试验前必不可少的地面试验项目。但是试车台只有一个，正被上海的另一导弹型号所占用。如果等上海方面做完，研制工作肯定将被耽误，怎么办?

王永志急中生智，提出了一个十分大胆的设想：不试验全弹，只试二级导弹。尽管王永志阐述的理由很有说服力，但由于国内外都没有这样试验的先例，不少同志认为太冒险。王永志说：“这样做风险不大，为争取时间有时候冒点风险是值得的。”在最后一次讨论会的关键时刻，又是钱学森站出来，支持了他。

在导弹总装过程中，一个脱落插头里的一颗小钢球不见了。为了不让导弹带着多余物上天，王永志与全体总装测试人员都趴在导弹附近的地面上到处寻找，最后终于在铁轨缝里找到了。当在测试中发现笔录仪上出现了一个时有时无的“毛刺”干扰时，为了查清原因，王永志与大家“守株待兔”①，等了若干小时，最后发现是相邻车间用电载荷瞬间突变所致。

①守株待兔出自《韩非子·五蠹》：“宋人有耕田者。田中有株，兔走触株，折颈而死。因释其耒而守株，冀复得兔。兔不可复得，而身为宋国笑。”释义是：“宋国有个农民，他的田地中有一截树桩。一天，一只跑得飞快的野兔撞在树桩上，扭断了脖子死了。于是，农民便放下他的农具日日夜夜守在树桩子旁边，希望能再得到一只兔子。然而野兔是不可能再次得到的，而他自己也被宋国人所耻笑。形容人不做主观努力，只是存在侥幸心理，想获得意外成功。”也能用于褒义，只要掌握了规律，在兔子必经之道上栽几棵树等兔子撞，也是可以的。

在研制洲际导弹期间，王永志三次面见周恩来总理。第一次是在1971年6月25日参加向中央专委汇报洲际

导弹研制工作的会议上。当周总理插话问总设计师屠守锷“洲际导弹与美国和苏联的哪种导弹相当？”时，屠守锷向王永志点头示意。王永志回答说：“与美国的大力神Ⅱ和苏联的ＳＳ－９导弹相当。”又进一步说明了异同。总理赞赏地说：“你是留苏的吧，难怪对国外情况了解得这么多。”

第二次是列席上海航天局向中央专委汇报某新型导弹研制情况的会议。当周总理问及导弹为什么打低弹道时，总设计师由于紧张一时语塞，周总理看着王永志，信任地说：“你回答吧！”王永志的回答令周总理非常满意。

第三次是９月８日，周总理在人民大会堂听取钱学森、屠守锷、王永志等专家关于洲际导弹发射准备工作的汇报。周总理边听边问，非常认真仔细，最后拍板同意发射，并再一次要求一定要“严肃认真，周到细致，稳妥可靠，万无一失”。

在与几位专家共进晚餐之前，周总理与参加汇报的同志进行了个别交谈。

周总理微笑着问王永志：“你今年多大啦？”

王永志回答说：“38 岁。”

周总理深有感触地说：“真年轻啊！”

总理又问王永志的籍贯、家庭、学历和工作经历等情况，王永志一一作答。

然后，总理问："你留苏的同学回国后分配情况怎样？是集中一起还是分散各地？"

王永志回答说："因专业不同，基本上是分散的。"

总理沉思一下："集中使用好。你们见面时还说俄语吗？"

王永志坦诚答道："很少说俄语了。"

周总理转脸对一院军管会主任说："你们可不能限制人家说俄语啊！你们要知道掌握一门外语多么不容易呀！"

王永志见状便站起来说："总理，领导没限制说俄语。"

"那怎么不讲呀？"总理又问。

"讲母语方便亲切呀。"王永志说。

总理开心地笑了，面向王永志说："你真会说话。"

第四章

无悔年华

隔离审查

20 世纪 70 年代初，“文化大革命”依然在“闹”。在周恩来总理的强烈干预下，中国的航天事业虽然历经坎坷，但还是幸运地蹒跚着朝前走。

作为一名始终与祖国命运休戚与共的科技工作者，王永志为此深感不安，可有什么办法呢？搞科学需要经济实力，更需要一个适合搞科学的健康而稳定的社会环境。中国的航天事业好不容易走上正轨，就遭受了狂热的政治运动和派性斗争的冲击。

好在王永志年轻，没有所谓的历史和家庭问题，得以宁心静气地忙科研。他知道，自己已届不惑之年，不可犹豫观望，不可走走停停。中年是人生中最宝贵的岁月，不再拥有青春和浪漫，更谈不上来日方长，应该像牛一样默默耕耘，如果加一把劲儿，就会创造出人生最辉煌的一幕，倘若歇一口气，就可能一事无成。

由于上述原因，加之他为人正直诚实，说话客观公正，不参与派性斗争，群众关系很好，所以，“文化大革命”前期还算过得比较顺利，受到的干扰甚小。但天有不测风云。就在王永志事业上一帆风顺时，某些人却暗中觊觎，到处搜集证据来陷害他。

你王永志不是出身贫寒又有技术吗，造反派就从这两方面找突破口。于是，他们说王永志与林彪反党集团有牵连，要他停职反省，查清问题，但查来查去，无果而终。在王永志遭受停职审查期间，洲际导弹进行了第二次发射，结果发射失败。1974 年 1 月，“批林批孔”开始，七机部的造反派头头借题发挥，把洲际导弹发射失败的原因推到王永志身上，说王永志没有把关键技术交代给其他副手，与上海抢振动塔，有意破坏洲际导弹的研制。3 月 21 日，王永志在北京被隔离审查，关押在院 89 栋二单元。从此，王永志被推入是非之中，经历了 500 余天的隔离审查。

在审查中，他对造反派说：“我是不是破坏战略导弹的研制，你们已经核实。我是党员，党培育了多年，我能做对不起党的事吗？”王永志心里很坦然，他相信党，相信组织。

群众相信王永志，他们在暗中保护他。被隔离期间，好心的看管人员带糖葫芦给他吃，还有人送来了饺子；造反派不让王永志看科技理论方面的图书，有人便带来了《藏书》《史记》《中国通史简编》等史书供他阅读，打发时光。已调到一院工作的王丹阳也受到牵连而被停职，不许她继续从事科技情报研究工作。

中年王永志是睿智的，是坚强的。他以特有的力量去洞察和承受人生的风云变幻。一连串的打击，没有使王永志颓废。想到自己挚爱的导弹，他内心充满渴望，充满阳光，他觉得有很多事情等着他去做。

雪压霜欺[1]，其志更坚。王永志承受住了冷嘲热讽和委屈，他相信党总有一天会把他解救出来。

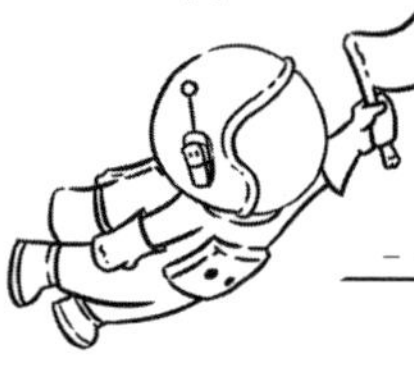

①雪压霜欺，成语，比喻备受折磨。出自宋·吴潜《疏影》词：“问平生、雪压霜欺，得似老枝孳独。”

逆境书佳作

无情岁月锻造着王永志坚强的人生，有识之士又给了他用武之地。

1975 年，我国同步通信卫星工程正式启动。上级决定研制发射同步卫星的长征三号运载火箭，后又任命谢光选为总设计师。工程一上马，谢光选就想起了王永志。他决定想方设法把王永志解脱出来，让王永志回到他熟悉的工作岗位上。谢光选了解王永志的处境后，向组织做了担保，希望他出来担任一些工程的课题研究，并顶住压力，亲自上门造访。此时的王永志喜出望外，欣然应允。

在下放到一院铁路专用线期间，在一次装车时，王永志脚趾不慎被机器压成粉碎性骨折，行动困难。谢光选根据王永志当时的身体状况，分配给他一项任务：收集、整理、分析国外资料，编写一本有关同步卫星发射方面的技术资料，以供借鉴。

原来，王丹阳曾报道过一篇有关推进剂在失重状态下性能变化的资料，被谢光选看到了，他觉得很有参考价值。发射同步通信卫星，需要对火箭的技术要求、轨道参数、推进剂管理等技术内容进行探索，需要了解国外的相关信息。而王丹阳从事科技情报工作，王永志又懂得专业知识，由他俩来共同收集、整理这方面的资料，肯定能为同步卫星的发射提供重要的、有参考价值的知识、技术和经验。

于是夫妻俩分了工，王丹阳在北京的各大图书馆去查阅资料，王永志在家里负责资料的分析、整理。为了抢时间，得到真正有用的资料，他俩是一目十行，有时甚至花费了一天时间，才能找到一两句有用的话。

1976 年 7 月唐山大地震①，北京震感强烈。为预防地震，有关单位要求所有住户在此期间住进防震棚。王永志家住 6 楼，一有震情，他俩便带上孩子，提上装有书稿和草图的小箱子钻进防震棚。由于防震棚人多嘈杂，无法工作，没有震情时，夫妇俩就从防震棚出来，提着箱子回到 6 楼，继续工作。一次震情预报后，他俩仍在 6 楼奋笔疾书，执勤人员都深深为他俩的敬业精神所感动。

①1976 年 7 月 28 日 3 时 42 分 53.8 秒，中国河北省唐山丰南一带（东经 118.2°，北纬 39.6°）发生了强度里氏 7.8 级（矩震级 7.5 级）地震，震中烈度 11 度，震源深度 12 千米，地震持续约 23 秒。地震造成 242769 人死亡，16.4 万人重伤，位列 20 世纪世界地震史死亡人数第二，仅次于海原地震。

经过一年多的努力，他俩收集了上百万字的资料，编写了《同步通信卫星的发射》一书。在同步通信卫星工程第一次方案论证会上，这本书终于如期地出现在专家们的面前，真乃及时雨。

主持会议的张爱萍主任，深为书中新颖翔实的内容、严密完整的理论体系和独到的技术见地所打动，不由问道：“这本书的作者是谁？”

那时候提倡奉献精神，夫妻俩还不能署名。谢光选便说：“这是王永志夫妇近两年来辛勤劳作的成果！”与会专家被王永志在逆境中奋争的顽强精神深深感动。大家一致同意，正式印刷时，在出版说明中写上两人的名字。

这本 47 万字的书共八章，301 页。由于该书对外

保密，只印了 1000 册。1985 年，该书被国防科工委授予国防科学技术工作重要成果三等奖。

恢复工作

随着“四人帮”的垮台，中央工作队和七机部党组很快就向国务院提交了关于给王永志平反的报告。报告认为对王永志的隔离审查“纯系帮派体系为篡党夺权而对王永志进行的政治迫害”。很快，王永志恢复了工作，1978 年 1 月被提升为研究院总体设计部第一副主任，同时被任命为东风五号洲际导弹副总设计师。

如同雪山日出，天明地白。王永志虽蒙受不白之冤，但他心中没有怨言。他认为“文化大革命”不仅是对他个人，也是对整个民族的一场浩劫。个人的恩怨、灾难又算得了什么？他为拨乱反正[①]后的政治昌明、为自己又可以清清白白重返航天一线工作而高兴。

①拨乱反正，成语，意思是消除混乱局面，恢复正常

秩序。拨：治理，乱：指乱世，反：通"返"，恢复。出自《公羊传·哀公十四年》：“拨乱世，反诸正，莫近诸《春秋》。”

拨乱反正给航天事业也带来了生机。1977 年年底，一院召开了一次计划会，大家讨论热烈，都希望尽快缩小与发达国家的差距，同时建议及早制定发展规划，并开始组织总体设计部开展第二代战略导弹技术方案的论证。

对航天事业的追求成为王永志的精神之光，这精神之光犹如大海升朝阳，高山绽雪莲。经历了人生的风风雨雨，王永志更觉得时间的宝贵，一种对事业和生命价值的矢志追求，激励他开始向航天事业新的高峰攀登。百花绽放的同时百废待兴。1977 年 5 月 30 日，中央政治局召开会议，听取中国科学院党组书记方毅关于如何恢复和开展科学技术工作的汇报。会议决定由中央组织召开一次全国科学大会，把广大科技人员的积极性调动起来，同时对有贡献的科学家要给予表彰和奖励。

中国迎来了科学技术的春天。1978 年 3 月 18 日，中共中央在北京隆重召开了全国科学大会，来自包括台湾在内的 30 个省、市、自治区，中央和国家机关各部门，以及解放军和国防工业部门的5586名代表，汇集北京。十年动乱中，遭受批判斗争与诬陷凌辱的广大科学家与科技战线的领导干部，在党中央主持的科学盛会上，抚今追昔，心潮澎湃，激动不已。他们为国家召开隆重的科学大会感到高兴，也为自己受到信任与尊重而欣慰，表明科学技术在中国重新受到了重视，预示科学技术兴旺发达的新时代已经来临。

王永志认真学习了邓小平在开幕式上做的重要讲话。邓小平在讲话中指出："四个现代化关键在于实现科学技术现代化"，并提出了"科学技术是生产力"的观点，把科学技术的地位和作用提高到了前所未有的高度。王永志真正感受到了科学技术的融融春意，体会到了国家对科学技术的空前重视。大会举行了隆重的授奖仪式，表彰了7675项科研成果，奖励了862个先进集体和1192名先进个人。其中，王永志作为主要完成人之一的中程导弹研制项目获得了全国科学大会奖。

挂帅战略导弹

全国科学大会以后，中国航天史翻开了新的一页，开始了研制第二代战略导弹的艰巨任务。1978 年 8 月 1 日，七机部向中央汇报武器装备发展计划，在讲到准备研制液体远程陆上机动发射的导弹时，邓小平同志说：“我最感兴趣的就是陆上机动发射，用现代化武器打游击战争。”

小平同志指示后，方案论证工作进展很快。1979 年 3 月，第二代战略导弹正式立项。钱学森建议由王永志担任总设计师，得到了国防科委的同意。不久，任命书正式下发。

王永志在深入、系统地总结第一代导弹研制经验的基础上，主持制定了体现技术更新换代要求的第二代液体远程机动导弹总体技术方案。研制人员经过五六年的艰苦拼搏，突破了第二代导弹的10大关键技术，实现了技术上的更新换代。在管理方面，则形成了一套行之有效[①]的管理办法，不少举措沿用至今。

①行之有效，实行起来有成效。

指某种方法或措施已经实行过，证明很有效用。

1980年11月，王永志被任命为研究院副院长，这就更有利于他推行一些更新换代的新举措。

但就在1984年，固体发动机研制取得重大进展，中央批准停止液体型号研制，实施“液转固”。于是，王永志又率领液体队伍开始论证固体战略导弹技术方案。1985年5月，国防科工委决定由王永志担任固体远程导弹总设计师。王永志主持制订了该导弹的技术方案和研制计划，方案充分利用了液体远程导弹的研制成果，还采用了固体发动机推力矢量控制等难度很大但又十分先进的技术。在导弹研制规章制度方面，全面继承了液体远程导弹的管理办法。

1987年10月，王永志又被国防科工委任命为该型号研制第一总指挥，他担任总指挥直至1991年5月调离一院为止。经过3年多的努力，导弹的13项重大关键技术取得突破性进展。

从1978年起的十几年中，王永志经历了我国远程战略导弹的两次更新换代：第一次是从第一代液体导弹换代为第二代；第二次是从液体导弹换代为固体导弹。两次换代，他都是第一任总设计师，并做出了影响深远、切实可行的发展规划，成为新一代远程战略导弹技术的领军人。

1986年，航天工业部酝酿将一院院长的重担交给王永志，他却婉言推却，说："我是搞技术出身的，还是负责技术方面的工作为好。"为此，部领导决定在全院实行公开投票推选，顺从民意，谁得票多就向中央报谁。结果在全院副厂、所级和院机关副处级以上干部的投票中，王永志得票第一。航天工业部将提名上报中央后，1986年12月15日，王永志被国务院正式任命为航天工业部第一研究院第六任院长。

战略思维

作为一名技术专家出身的领导干部，王永志的管理理念和精辟独到的技术见解，为一院三类航天产品规划了一个辉煌的发展模式，这一模式中的运载火箭部分，就像火箭发射一样，直指远方。

为了准确地规划一院的发展方向，集思广益，1987年11月建院30周年前夕，研究院组织了一次科技论文报告会。王永志作为研究院的新任院长，在这次会上做了重要讲话并提交了一篇论文。他系统地阐述了航天是建院之本的基本思想，并对航天高技术发展方向提出了自己的见解。他在论文中写道："从总体上看我国航天运载技术的发展方向，我认为到了实现四个历史性突破的时候了。一是突破火箭'捆绑'技术；二是突破3.35米直径；三是推进剂换代；四是研制重复使用的运载工具。”

他对四个历史性突破做了详细的阐述。

“突破‘捆绑’技术。不断提高运载能力是世界火箭发展的总趋势，我国也不例外。我们不能设想用我国最大直径的3.35米火箭就能满足我国今后运载任务的需要。我们不能一味加长箭体，现在已经50多米长了，已快到极限了。要提高运载能力怎么办？发动机比推力提高几秒，解决不了大问题。要想大幅度提高，就要加大起飞重量。途径就是向横向发展，并联助推器，也就是捆绑工作。我们准备先在‘长征二号E’上进行，从而掌握这项技术。这是未来的方向，因此应该及早起步。”

“突破3.35米直径。若发射20吨以上的空间站等大的有效载荷，用3.35米直径去捆绑，结构系数太低，性能太差。需要开辟4.5米以上的大直径箭体，但有困难，这就是工艺上的困难、生产上的困难、运输上的困难。由于这是历史的必然，有困难只能克服解决，否则就会束缚我们事业的发展。”

“推进剂换代。即研制新型发动机，使用新型推进剂。在这方面我们已经实现了一次历史性的突破，就是在‘长征三号’上使用氢氧高能推进剂。但这种推进剂价格太贵，还无法在一、二级大量使用。现在一、二级使用的全是价格昂贵且有毒的推进剂。随着用量的增加和更加频繁的发射，必须代之以廉价、无毒、无污染的推进剂，这就是液氧烃类推进剂。”

“重复使用的运载工具。根据我国的情况应先部分重复使用，再发展到全部重复使用，这样发射成本就会降低，只有这样，才能支持未来频繁的航天活动。”

这篇论文中提出的观点，实际上就是王永志作为研究院新任院长的施政纲领，是他根据自己几十年工程实践经验提出的真知灼见[①]，更是他为一院规划的光辉前景。王永志不仅仅提出思路，更是一位既有魄力又有能力带领全院同志勇于实践的开拓者。

①真知灼见，成语，意思是真正知道，确实看见。也指正确而深刻的认识和高明的见解。灼：明白，透彻。出自明·冯梦龙《警世通言》卷三：“真知灼见者，尚且有误，何况其他！”

关于“四个历史性突破”，只要一有时机，他就义无反顾地带领大家付诸实践。突破3.35米直径的设想，经过此后将近20年的反复论证研究，终于见到了曙光。他也没有让推进剂换代的设想仅仅停留在纸面上，而是积极行动起来。在他的院长任期内，就主动联系引进了国外液氧煤油发动机样品，然后按分工转交给航天推进技术研究院，如今该发动机已经定型，并在我国新一代运载火箭上得到了应用。

你知道吗？

2016 年 11 月，由中国航天科技集团抓总研制的长征五号运载火箭首次飞行任务取得圆满成功。长征五号运载火箭为两级半火箭，一级采用 5 米直径模块，全箭总长 56.97 米，GTO 运载能力达到 14 吨。

第五章

筹策天梯

运筹“长二捆”

1986 年是世界航天史上的黑色灾难年。美国“挑战者号”航天飞机爆炸[1]，美欧多枚火箭发射相继失利，一连串的事故，使国际商业卫星发射市场出现了运载能力短缺，一些用户翘首以待有安全可靠的火箭来发射自己的卫星。

站在中国运载火箭技术研究前沿的王永志敏锐地

①1986 年 1 月 28 日，美国“挑战者号”航天飞机在进行代号 STS-51-L 的第 10 次太空任务时，因为右侧固态火箭推进器上面的一个 O 型环失效，导致一连串的连锁反应，并且在升空后 73 秒时，爆炸解体坠毁。机上的 7 名航天员全部罹难。

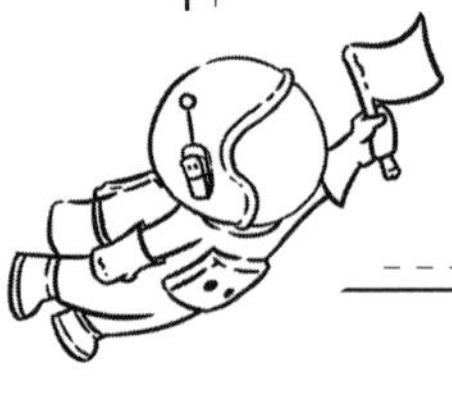

感觉到，这是一个千载难逢的机遇。但要走向国际市场，就必须尽快利用我国成熟的火箭技术研制出新一代大推力运载火箭，为中国进入国际发射市场打开一条新路。

1986年3月，黄作义研究员拿出三张设计小图，向王永志提出了研制捆绑式大推力火箭，并开拓美国市场的想法。当时，美国休斯卫星公司为澳大利亚制造了一颗大质量的商用卫星，对外进行发射招标。发射这颗“澳星”需要大推力火箭。如果想参加竞标，大推力火箭是前提条件。对方的条件十分苛刻，要求必须在1990年6月30日之前成功发射第一枚火箭，然后才能正式发射他们的卫星，若不能如期实现，美方将终止合同，并索赔100万美元。

王永志立刻组织总体设计部进行方案设计，他们的创新构想是：在长征二号C火箭基础上，捆绑4个助推器，形成新型的大推力火箭——“长征二号E”，争取用最快的速度走向国际航天舞台。

1986年10月，休斯公司派来专家进行考察。王永志与美方谈到了研制大推力火箭的研制方案和进度，美方显示出浓厚的兴趣和意向。

王永志加紧为争取长征二号E大推力捆绑式火箭立

项而多方奔走。但谁也下不了决心。最关键的是经费来源和能否拿到合同的问题。因为当时在国家很难立项争取到经费的支持，而自筹资金虽有很多路子，但因为风险很大，有些企业和金融部门也退缩了，研究来研究去就剩一个办法：自己贷款研制。因而造成时间一拖再拖，没有做出决断。

1987年9月，澳大利亚奥赛特公司在悉尼就建立第二代国家卫星通信系统进行招标。试图研制的中国长征二号E火箭开始了与美、法火箭的角逐。1988年6月16日，揭标结果令西方人大吃一惊，由长城公司用中国长征二号E火箭发射两颗休斯公司的HS-601卫星的方案中标！

中方的不懈努力，休斯公司、奥赛特两公司的大胆选择，把中国航天技术推上了世界舞台，也把王永志逼到了前台。由于是商业发射，国家不投资，需要贷款进行研制，风险之大，可想而知。

同年11月1日，长城公司与美国休斯公司正式签署“澳星”发射服务合同。然而那份厚厚的合同文本，内容复杂苛刻。休斯公司要求中方必须在1990年6月30日前有一次成功的发射试验。在任何时候，只要他们认为中方不能发射或没有充分论据证明自己能够按

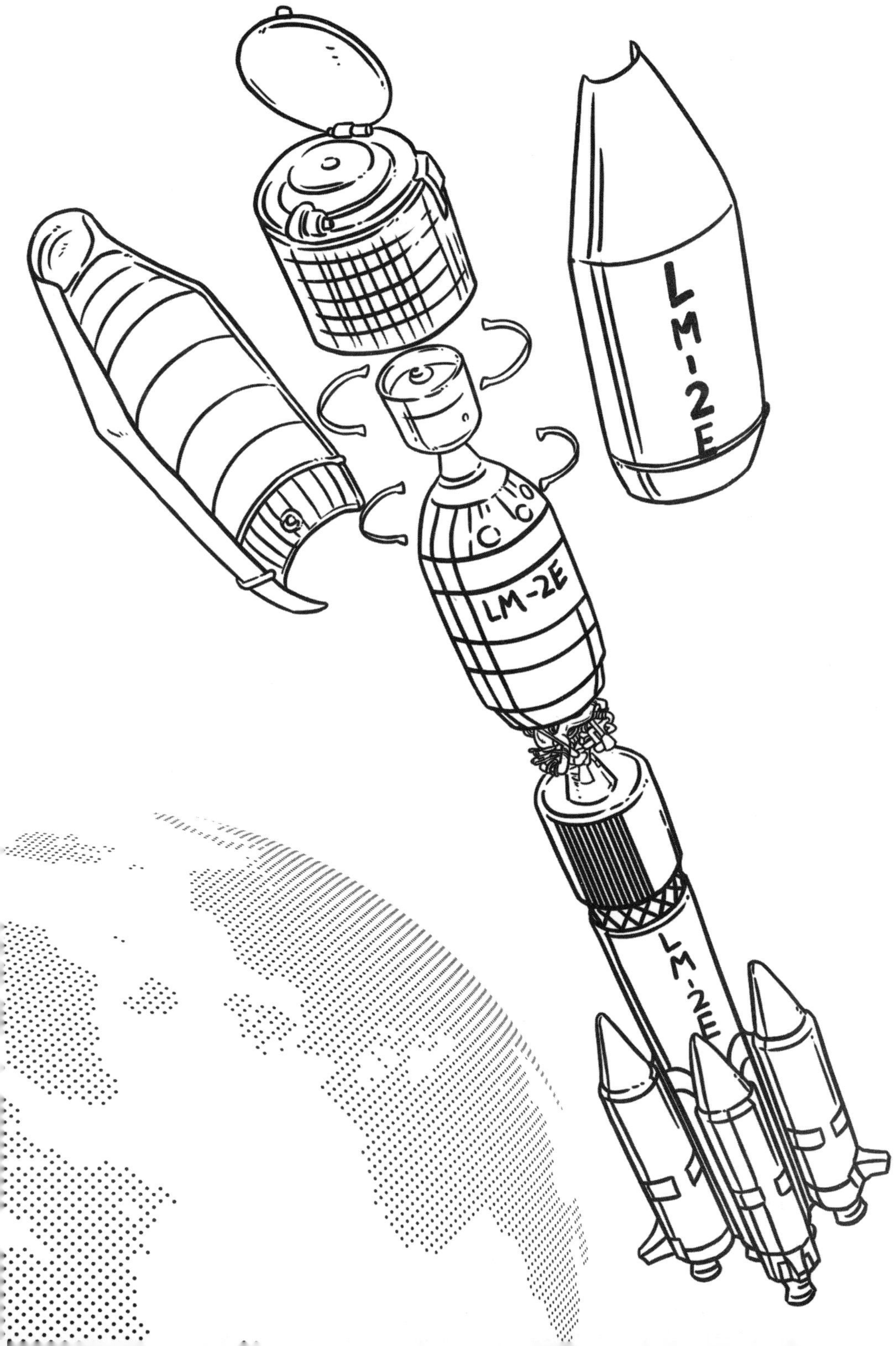
LM-2E
LM-2E
LM-2E

时发射，用户有权终止合同并罚款100万美元。就这样，中国航天进入世界市场的第一次尝试，用“长征二号E”发射两颗“澳星”，就在谈判中成交了。

紧张的500天

1988年12月底，研制发射“澳星”的长征二号E火箭的工作正式启动。作为总指挥的王永志，与王德臣总设计师、于龙淮副总指挥等制定了第一枚捆绑式火箭的切实可行的技术方案。为了保证进度，王永志掐指细算着18个月的分分秒秒，又制定出翔实可靠的研制时间表。

当时间计划调度表摆在长征二号E火箭的研制人员面前时，运载火箭技术研究院所属的研究所和工厂的领导们心理上无法接受，科技人员和工人们直摇头，他们对主管副院长于龙淮说：“这与其说是一个计划，不如说是‘无情无理’的‘军令状’！”

18个月的研发时间实在太短，按照常规这至少是四五年才能完成的工作。但倘若不能按时履行合同，不仅巨额贷款难以偿还，政治上的负面影响更难以估量。这个任务是何等的艰巨和复杂！

人生能有几回搏？王永志把面临的困境归结为“背水一战，别无退路”8个字，以激励、敦促自己和大家。

任务层层下达，时间环环紧扣。18个月时间又被分解为若干段。例如，过去设计一枚火箭，最少也要一年半到两年，现在只给3个月；生产一枚火箭，过去至少要两年半到三年，现在只给14个月。一位车间主任鼓起勇气对王永志说：我只要一个半月。王永志嘿嘿一笑：“你只有18天！”

气氛紧张起来了，研究院里高悬着“绝不让研制‘长二捆’的列车在我们这里误点”的巨幅标语，“心系‘长二捆’，成功壮国威”10个字，成了研制人员的口头禅。

大局当前，人人心中的天平上载着的是祖国的荣誉和航天事业的发展，开始了500多个灯火通明之夜，有人戏称这是“太阳不落的地方”。研究院出现了前所未有的热火朝天的生产盛况。全院员工夜以继日地忙碌着，有人这样形容：“没了亲戚，没了朋友，什么都顾不上了。”

对王永志来说，巨大的压力犹如泰山压顶，常常使他喘不过气来。他与王德臣、于龙淮等人每天就像上足了发条的钟表超负荷地工作着。

在一切都必须创纪录才能完成的前提下，在“长二捆”研制中，全国有关部门也给予了全面援助和大力支持。从“澳星”入关、火箭发运、靶场准备到发射，国家能源、交通、铁道、民航、海关、公安和有关省、市，做了大量的工作。

1990年6月29日，中国第一枚捆绑式火箭——“长二捆”终于提前一天屹立在西昌卫星发射中心，中国航天人创造了18个月研制一枚新型火箭的国际航天新纪录。

什么是奇迹？奇迹是众人智慧、胆略、勤劳、团结和拼搏精神的凝聚。王永志深深为这支队伍的高素质而感动和自豪。

奋力排险

“长二捆”这枚新问世的火箭，以崭新的容貌矗立在秀美的山谷中。捆绑于箭体上的 4 个助推器更彰显其稳实，衬托其壮观。

离发射时间只剩下几天了。这是一场安全与时间的竞争。任何一个环节稍有不慎，就会造成不可估量的损失，甚至酿成大祸。

7 月 12 日傍晚，工作人员发现火箭 4 个助推器其中之一冒出黄烟，经判断，是有毒的推进剂发生渗漏。当时工作人员认为可能是压力传感器接缝处的螺丝没有拧紧，便用扳手去拧，哪知适得其反，一拧，漏得更凶了。接着不久，其他 3 个助推器也出现类似问题，情况更严重了。

王永志迅速赶到现场，排查原因，指挥抢险。他发现造成事故的原因是密封圈材料问题，决定组织人员往外泄推进剂。由于氧化剂四氧化二氮有毒，泄出比加注危险性更大，他叮嘱工作人员操作时要分外小心，商量好第二天的修复办法后，他才返回招待所，此时已是深夜一点多钟了。

回到招待所，王永志还没来得及脱衣服睡觉，他又接到电话：“王院长你来看看，燃料好像也漏了！”王永志心里一惊，于是匆匆赶赴现场一看，飘着白烟，果然是燃料渗漏了。王永志立即指出：“按原来的办法处理，同时泄出燃料。”直至第二天早晨8时左右，王永志才落实完事件的处理办法，回去只打了个盹儿又匆匆赶往发射场。

现场仍冒着黄烟，原来拆卸失效传感器时，残留的推进剂迅速扩散，师傅们带着防毒面具进到尾段里去往下拆，已有两位师傅晕过去了。王永志一看，里面根本看不见人，他心里一惊，立即叫停，提出了三点解决措施。由于采取科学的处理办法，后面的工作进行得比较顺利。但因当时对推进剂中毒情况没有经验，进去抢险的同志昏迷后，被拉出来在外面待一会儿神志恢复了，就认为没事了，哪知道中了此毒后有8小时的潜伏期。当晚，第一批进去抢险的人中有12个人因毒性发作被送往西昌市医院，其中魏文举师傅病危，最后没有抢救过来。王永志心里一阵阵酸楚，忍不住流下了泪水。在王永志的职业生涯中，这次“长二捆”研制中出现的事故令他终生难忘。

生死相搏终于排除了险情。除魏师傅因公殉职之外，其余中毒的人员，因抢救及时，化险为夷，健康出院。这次事故，为安全生产敲响了警钟。在处理这次事故中，王永志也累病了，在招待所打点滴。

在总结这次事故教训时，王永志沉痛地说：“因为外协的传感器的密封材料不合格，夺去了我们的一位好师傅，一位可敬的亲人。幸好发现及时，否则还会酿成更大的灾祸。发射火箭风险极大，火箭有上万个部件，他们出自上千家单位和数万人之手，如果有一个人打盹儿，造成一个小的故障，可能殃及整个工程，功亏一篑！因此我们要切实增强质量安全意识，每一个人必须兢兢业业①、一丝不苟，以确保万无一失。航天事业是风险

①兢兢业业，成语，形容做事小心谨慎，认真踏实。兢兢：形容小心谨慎；业业：畏惧的样子。出自《诗经·大雅·云汉》：“兢兢业业，如霆如雷。”

事业，是失败不起的事业，必须有严上加严、慎之又慎的科学作风。就是在有冗余设计的情况下，也绝不能带着疑点上天……”

高昂的龙头

在蓝色天穹下和青山环抱中，4枚小火箭环绕着中心直刺天宇的芯级火箭，构成了“长二捆”的协调整体，就像高昂的龙头，横空出世，显得分外挺拔。

7月14日，国防科工委丁衡高主任带着中央领导的批示来了。来的起因是部内有人联名给党中央写信，说这枚火箭打不得，所以丁主任这次来主要研究发射与否的问题。围绕这个问题，当晚从7时半开始讨论，直到翌日凌晨1时半。丁主任直截了当地问:“已经出事了，能不能打？”王永志答道：“虽然出现意外，但问题已经解决，对火箭的检测结果都很正常，我认为能打。”激烈的讨论之后，大家都坚持要打。丁主任于是第二次问王永志：“到底打还是不打？”

王永志是火箭总指挥、试验队队长，又是院长，此时他的表态非常关键。这时，王永志站了起来，面对丁主任说："能打，肯定能打。我已经参与打了4种新型火箭的第一发，那时的技术手段和测试时的技术状况远不如'长二捆'，但那4种火箭都打成了，我相信'长二捆'也能打成！"

丁主任看到王永志稳重的神色和决心，很受感动，于是说："你们打可以，确保它成功更好。我给你们一个最低限度要求，要确保能点着火、起飞，完成助推器分离。"

7月15日上午，研制人员又做了一些测试，情况良好。晚上7时左右，丁主任表态同意发射。他说，他向中央领导请示了，中央领导回答说一线的同志最了解技术状况，他们认为能打就打。听到此消息，参试人员万分高兴。当晚，火箭加注了推进剂。

7月16日9时40分，随着"点火""起飞"口令的下达，隆隆的巨响打破了山谷的沉寂，长征二号E大推力捆绑式火箭横空出世，腾起优美而年轻的身姿，顺利升空！

目送火箭潇洒地远去，王永志百感交集，18个月来的酸甜苦辣，一起涌上心头。一年半的时间，王永志没有正常休息过，从工作总体到具体技术细节，他事必躬亲，精力、体力到了最大的承载负荷，因厌食消瘦了许多，体重也减轻了 11 斤！

不久传来喜讯，助推器和一级、二级火箭正常分离，把一颗质量为 7.4 吨的模拟“澳星”和巴基斯坦科学实验卫星送入预定轨道。

闻此喜讯，王永志如释重负①，一反常态，原来操劳过度的他一吃饭就反胃，现在突然对秘书说：“我非常想吃点酱牛肉，或者红烧肉也行。”秘书见状，非常高兴，连声答道：“我马上去！”秘书随即给找来一盘酱牛肉，兴奋中的王永志吃得非常香。

①如释重负，成语，意思是像放下重担那样。形容紧张心情过去以后的轻松愉快。出自《谷梁传·昭公二十九年》：“昭公出奔，民如释重负。”

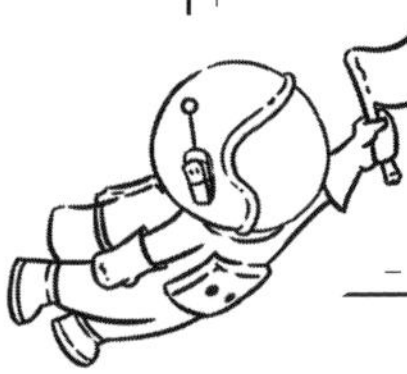

18 个月，500 多个攻克技术堡垒的日日夜夜，在王永志心中留下了刻骨铭心的记忆，是研究院的每个人造就了“长二捆”。谁付出了生命，谁失去了爱人，谁病倒了，谁干活最不要命，王永志都记在心中，人们都记在心中。

第六章

酝酿蓝图

上书中央

新中国刚成立时，在国际形势相当严峻、经济非常困难、技术十分落后的条件下，毛泽东和周恩来等老一辈革命家从中华民族和新中国的长远利益出发，高瞻远瞩，英明决策研制“两弹”（原子弹和导弹）。在聂荣臻、钱学森的带领下，新中国的广大科技工作者经过10多年的艰苦努力，实现了“两弹”的伟大构想。这些成就不仅在新中国科技发展史上发挥了重要的先导作用，而且已成为中华民族振兴的象征，极大地提高了新中国的国际地位，增强了国家的综合实力，中国航天科技队伍也逐渐成长壮大起来。在东方红一号卫星上天后，中国领导人和科学家豪情万丈，也开始酝酿载人航天计划。

然而，10年浩劫带来的技术封闭和思想禁锢是灾难性的，对中国航天事业造成了极大的影响。改革开放①，国门打开，春天来临，中国科学家以新的眼光看世界，他们惊醒地发现：中国的科学技术已经远远地落后于世界。中国科技如何发展，如何赶超世界，成为中国科学家心中考虑最多的问题。

①改革开放，是1978年12月十一届三中全会中国开始实行的对内改革、对外开放的政策。改革开放是中国共产党在社会主义初级阶段基本路线的两个基本点之一。中共十一届三中全会以来进行社会主义现代化建设的总方针、总政策，是强国之路，是党和国家发展进步的活力源泉。改革，即对内改革，就是在坚持社会主义制度的前提下，自觉地调整和改革生产关系同生产力、上层建筑同经济基础之间不相适应的方面和环节，促进生产力的发展和各项事业的全面进步，更好地实现广大人民群众的根本利益。开放，即对外开放，是加快我国现代化建设的必然选择，符合当今时代的特征和世界发展的大势，是必须长期坚持的一项基本国策。

20世纪80年代初，新的科技革命浪潮再度掀起。1983年3月23日，当时的美国总统里根曾发表了著名的“星球大战计划”电视演讲。其实大家都明白美国要干什么，不外乎要在高科技领域独占鳌头。关于“星球大战”的话题立即在全世界炒得沸沸扬扬，到了1985年，整个世界几乎都行动起来了，各国纷纷出台国家高科技发展计划。在这些高科技发展计划中，航天技术无一例外地被列为重中之重。

然而，此时在国内却掀起了一场关于航天地位的争论。中国经济在迅速发展之时，社会上也流传着诸如“搞‘两弹一星’耗费太大，影响了国家经济建设”的言论。有些经济界知名人士也发表文章称“‘两弹一星’把中国搞穷了”，认为“航天不是国计民生所必需”等。王永志焦虑地看到，研究院的研制任务出现了前所未有的滑坡，航天事业的发展遇到了空前的挑战。一种强烈的责任感和忧患意识震撼着他，使他更加执着地为中国航天事业的持续发展而奔走。

1985年，屠守锷、梁守槃、卢庆骏、张镰斧、陆元九、谢光选6位中国第一代航天人联名上书中央，呼吁继续发展航天技术，保持中国航天事业在世界的一席之地。

为了争取更多人的理解和支持，航天工业部领导专门请来了国务院有关部门的负责同志及经济界的知名人士，进行参观和座谈。座谈会上，王永志作为主讲人之一，列举了大量实例有力地证明，我们不仅建立发展了航天事业，为新中国的国防建设作出了巨大的贡献，而且带动了国内很多高技术领域的发展，航天技术的不断进步，必然与其他技术相互促进，产生难以估量的效应和影响。他的发言逻辑严谨、动情入理，有理有据，座谈会起到了消除误会、争取支持的作用。

"863 计划"

1986 年春天，王大珩、王淦昌、杨嘉墀、陈芳允 4 位科学家联名向中央上书《关于跟踪研究外国战略性高技术发展的建议》。3 月 5 日，邓小平同志在这封信上做了批示："这个建议十分重要，请找专家和有关负责同志讨论，提出意见，以凭决策。此事宜速作决断，不可拖延。"国务院马上召集全国各行各业的 200 名专家和有关单位的领导，分为 10 个组，在北京进行了 26 天的集中论证。其中，完全由国防科工委负责的有两个组。一个组是航天技术组，论证内容是载人航天技术。另一个组是先进防御技术组，论证内容是战略武器的星球大战对策，王永志担任组长。这两个组经过 20 多天的研究讨论，取得了卓有成效的结果。4 月下旬，代表们聚集中南海，由 10 个组的组长逐次向中央领导同志做汇报。

王永志代表先进防御技术组第一个走上讲台。他用生动的语言阐述了发展防御技术的必要性、可能性及其地位和作用。他说："不错，当前国际形势趋于缓和，这是事实。但任何一个国家也没有麻痹大意到不设防的地步。美、苏等主要国家不过是改变了战略方针，少生产，少装备，尽可能地把钱用于提高武器的技术性能上。如果我们把军转民理解为只搞民不搞军，而不致力于提高武器的技术性能。到时候，既无招架之功，更无还手之力，我们又怎么向人民交代呢？我们绝不能让'两弹一星'来之不易的成果得而复失！"

稍作停顿，王永志又摆出了一个严峻的事实，“美国星球大战计划的实质就是要在太空布下一个防御大网，意欲使进攻的导弹变成废铜烂铁，在未来的核战争中，我们如果没有相应的防御体系，如果没有破网而出的防御手段，那不是只有被动挨打的份儿吗？导弹武器易攻难防，采取躲、藏、攻、骗等手段，破网而出不是不可能的，世界上没有攻不破的防线！”

“即使未来不发生核战争，我们也不是在做无用功，航天技术毕竟带动了我国科学技术的发展，这是不容置疑[1]的。因此说，航天技术应该在国民经济中占有应有的位置。”

①不容置疑，成语，意思是不允许有什么怀疑，表示论证严密，无可怀疑。不容：不允许；置疑：怀疑。出自宋·陆游《严州乌龙广济庙碑》：“盖其灵响暴著，亦有不容置疑者矣。”

台下的中央军委副秘书长张爱萍带头鼓起了掌。

1986 年 10 月，中央政治局会议正式批准了《国家高技术研究发展计划纲要》，也就是著名的“863 计划”。“863 计划”将 10 个组的论证内容归纳为 7 个领域，航天技术为第二领域，先进防御技术为第四领域。

1987 年 4 月，在国防科工委的组织下，组建了首席科学家负责制的“863 计划”航天技术领域专家委员会。航天技术领域专家委员会由 7 人组成，王永志是其中一员。中国载人航天工程的概念论证工作从此开始了！概念论证分两个主题项目进行：一个是大型运载火箭及天地往返运输系统；另一个是载人空间站系统及其应用。专家委员会的主要任务是对发展我国载人航天进行概念论证，即对其必要性和可能的技术途径进行全面的论证。论证工作持续了 5 年。

从飞船起步

专家委员会首先对美国和苏联的载人航天成就和世界各国纷纷出台的高科技发展计划进行了深入细致的调研和分析，认真研究了其经验和教训。随后专家委员会在内部进行了一场“百花齐放、百家争鸣”的航天科技大会战。当时的航空工业部和航天工业部所属的几个研究院、研究所对天地往返运输系统提出了5种方案，后来科学家将这5种方案称为“五朵金花”。

第一种是水平起降、单级入轨、可全部重复使用的空天飞机方案。

第二种是垂直起飞、水平着陆、两级入轨，全部重复使用的火箭飞机方案。飞行器由两架采用火箭发动机的飞机组成。大飞机载小飞机垂直起飞，小飞机依靠自身动力入轨。完成任务后，两架飞机各自水平着陆返回。

第三种是由运载火箭和带主动力的带翼飞行器组成的垂直起飞，水平着陆，可部分重复使用的小型航天飞机方案。

第四种与上述方案相似，同为可部分重复使用的小型航天飞机方案。只是带翼飞行器不带主动力，它由火箭送入轨道，完成任务后返回地面，水平着陆，经维修、保养后再次使用。

第五种为飞船方案。飞船由火箭发射入轨，执行任务后返回舱再入，经降落伞回收，返回地面。

经过一段时间的酝酿，专家委员会的论证较多地集中在后两种方案：一种是可部分重复使用的、用火箭发射的无动力小型航天飞机方案，另一种是一次性使用的飞船方案。

王永志一直对“重复使用”情有独钟。美国航天飞机的出现，使他看到了一种希望。他认为这可能是个出路，不要把运载器和航天器分得那么清楚，实现重复使用是技术发展的方向之一。他在专家委员会论证初期曾明确主张采用火箭发射小型航天飞机的方案。

经过一年多的论证，专家委员会于 1988 年 7 月在哈尔滨召开了评议会。专家们讨论的焦点集中在搞小型航天飞机还是搞载人飞船上。同意前者的专家认为，小型航天飞机可部分重复使用，代表了国际航天发展潮流，既然时间允许，又具备一定的技术条件，中国的载人航天应当有一个较高的起点，能使我国航天技术向国际先进水平跨进一步。赞成后者的专家认为，美、苏用以起步的载人飞船经过20多年的使用，技术比较成熟，且技术难度较小，经费较低，更符合中国的国情。大家畅所欲言，各抒己见①。最后采用无记名投票的办法了解民意。投票结果：两种方案的得分几乎相同，难分上下。

①各抒己见，成语，抒，读音为shū，抒发、发表。意为各人充分发表自己的意见。出自唐·李翱《李文权文集·陵庙日时朔祭议》：“先儒穿凿，各伸己见，皆托古圣贤之名以信其语，故其所记各不同也。”

哈尔滨会议后不久，航空航天工业部领导经研究认为，如果像“863计划”初步安排的那样，时间周期太长，载人航天要早上快干，争取20世纪末、21世纪初载人上天。基于这种考虑，认为采用难度稍低、起步较快、涉及领域少、便于组织实施的飞船方案更为有利。王永志经过深深思考后，表示坚决支持。随即他也在专家委员会的会议上表明了支持“早上快干”以及为了争取在 20 世纪末前后实现载人上天的目标而采用飞船方案的态度。此后，王永志便投入到对飞船方案的深入研究和完善工作中。越论越清楚，时至 1989 年，“从飞船起步”已达成普遍共识。

率团出访苏联

由于20世纪60年代中苏关系破裂，王永志1961年毕业回国后，就再没有机会踏上苏联那块美丽而广袤的土地。1989年5月15日，苏联最高苏维埃主席团主席、苏共中央总书记戈尔巴乔夫到达北京进行友好访问，16日上午，邓小平和戈尔巴乔夫共同宣布，中苏两国、两党关系实现正常化。

早在5月初，正值“长二捆”火箭研制的关键时期，王永志接到中苏友好协会的通知——委派他为团长，在戈尔巴乔夫访华后，率领中国宇航专家代表团访问苏联。想到时隔近30年后，有机会能再去那个久违的国度，去见多年未谋面的老师和学友，王永志心里非常高兴，更深感上级的信任和重视，因为这是中苏两国恢复邦交正常化后的第一个中方代表团啊！

5月25日，中国宇航专家代表团一行5人出发了。当地时间下午4点半，代表团飞抵莫斯科。代表团的日程安排一环扣一环，紧张有序。代表团参观了苏联载人空间飞行控制中心，听取了“和平号”空间站和刚刚完成的“暴风雪号”航天飞机飞行试验情况介绍，还观看了“暴风雪号”发射控制和返回着陆的录像。在卡卢加市的宇航博物馆，王永志看到了“上升1号”“进步号”和“联盟号”宇宙飞船，液体火箭发动机、实验弹射座椅、飞船返回舱、航天食品和餐具、舱外航天服，以及多种卫星、月球车、星际探测器等实物，深感不虚此行。

6月1日至4日，代表团前往列宁格勒，先后参观了海军广场、冬宫、斯莫尔尼宫以及“阿芙乐尔号”巡洋舰等。6 日上午，中国代表团终于实现了此行的最大心愿——参观访问赫鲁尼切夫航天中心这一火箭航天器总装厂。该中心曾是世界上规模最大的运载火箭和航天器研制生产机构，苏联的多种战略导弹、运载火箭，“礼炮号”空间站、“和平号”空间站和“量子 –1 号”“量子 –2 号” “晶体号” “光谱号”等舱段，钻石遥感卫星等多种航天器，以及后来的国际空间站“曙光号”核心舱、“星辰号”服务舱和对接舱等都产自这里。

回国前两天，代表团到红场无名烈士墓献花和到列宁墓前敬献花圈。王永志整理好花圈上的缎带，率团瞻仰列宁遗容。此时的王永志心潮澎湃：1961 年春天，在离开莫斯科前，他一个人一早顶着冷风来到红场，排着长队来到列宁墓，以为再也不会到这里来了。他做梦也想不到，在时隔 28 年之后，能够以这种方式庄严郑重地拜谒[1]列宁墓，更使他深切地感到两国关系的恢复对两国人民是多么美好。

①拜谒，动词，有拜访、参拜、拜见、瞻仰的意思。谒，读音为 yè。

6月9日，代表团返回北京。中苏友好协会对王永志一行给予了高度评价，称赞代表团圆满完成了“广交朋友、增进友谊、交流探讨、推进合作”的使命。对王永志来说，这次访问，更使他增强了研制成功“长二捆”的决心和信心，他隐约感到，中国距离发展载人航天的日子已为期不远了。

构想空间实验室

1989 年 12 月，载人飞船工程概念论证已经接近完成，专家委员会的《航天技术领域论证工作综合报告》已经定稿，并申请向中央专委汇报。该报告提出，中国是个大国，像载人航天这样的高技术，中国不能不干；同时中国也是个发展中国家，也不能大干特干。据此，报告中提出了“以飞船起步，完成突破载人航天基本技术；进行空间对地观测、空间科学及技术实验；提供初期的天地往返运输器；为载人空间站工程大系统积累经验 4 项基本任务后，建设空间站，未来要研制单级入轨可完全重复使用的载人航天器”等规划建议和预先研究计划。这些开创性的工作为后续论证和研制工作奠定了基础。

1991 年 6 月 29 日，中央专委第四次会议听取了航天技术领域专家委员会首席科学家屠善澄《关于发展我国载人航天的意见》和国防科工委《关于发展我国载人航天及其应用的意见》的汇报，会议原则同意专家委员会关于发展我国载人航天的目标设想，要求对发展我国载人航天的目的性做出进一步的详细说明。

中央专委第四次会议的决定，对中国航天界是一个巨大的震动。中央专委原则同意航天技术领域专家委员会的建议，这意味着载人航天工程将不再仅仅停留在论证阶段，而是准备实施了。

一石激起千层浪①。有些同志提出了对载人航天的反思，认为载人航天应该继续论证，而不是立项上马。有些同志则主张应该尽快立项上马，尽快实施。中国航天界的许多老领导、老专家，都主张载人航天工程应该尽快立项。他们积极组织大家进行讨论，征求意见，并积极联系向中央汇报，争取工程早日立项。

①一石激起千层浪，扔一块石头到水中掀起千层浪花。比喻一句话或某一细小行动，会引起强烈的反响。

王永志是“早上快干”的支持者，他认为，既然要以飞船起步，就要抓紧时间立项上马，赶快干，不能拖。

既然主张干，要上工程，方案就得细化。原来讨论的方案是以飞船起步，接着就是空间站建设。如果从飞船直接跨越到空间站，技术上的跨度太大。在宏观规划中是可以这样安排的，但这么大的技术跨度，工程实施上难以衔接。

在经过仔细的分析和研究后，王永志认为，为了降低应用成本和解决从短期飞行向长期飞行的跨越，有必要在飞船与空间站之间增加一个空间站的试验阶段——空间实验室阶段，即以飞船技术为基础，改装出可用现有火箭发射的空间实验室。他说："以最小的代价、最少的时间从飞船过渡到空间实验室（小型空间站），建成初步的，但却完整配套的空间工程系统，提早开展一定规模的空间科学实验和对地观测活动，保持中国航天强劲的发展势头。"

你知道吗？

2019年7月19日，中国第一个真正意义上的空间实验室天宫二号圆满完成近3年飞行试验任务，受控离轨并再入大气层，标志着中国载人航天工程空间实验室阶段全部任务圆满完成，全面迈进空间站建设阶段。

1991年11月，王永志撰写了《以飞船为基础组建空间实验室的构想》，送交屠善澄和几位航天老总审阅。这份建议报告，为拉开中国载人航天工程的大幕谱写了新的序曲。

第七章

历史决策

新的使命

“1992 年，又是一个春天。有一位老人站在中国的南海边……”与中国的改革开放事业一样，中国的载人航天事业这年也真正看到了希望的春天。

1992 年 1 月 8 日，中央专委召开第五次会议，专门研究发展我国载人航天的必要性问题。经过“863 计划”航天领域专家委员会 5 年的论证，载人航天工程的立项工作终于摆到了中央专委的正式决策日程上。在听取首席科学家屠善澄等的汇报后，会议认为，从政治、经济、科技等诸方面考虑，立即发展我国载人航天工程是必要的，并且同意我国发展载人航天要从飞船起步。会议决定，在“863 计划”航天领域专家委员会和各部门过去论证的基础上，由国防科工委组织各方面专家，进一步对载人飞船工程研制问题进行技术、经济可行性论证，并提出：进行可行性论证，目标要明确。在做法上要实事求是①：一是技术上要论证清楚，方案是否可行；二是经费要考虑周全，精打细算，使经费估算尽量接近实际。

①实事求是，指从实际对象出发，探求事物的内部联系及其发展的规律性，认识事物的本质。通常指按照事物的实际情况办事。出自《汉书·河间献王刘德传》：“修学好古，实事求是。”

航空航天工业部党组即刻召开动员会，传达《关于落实中央决策进一步搞好载人飞船工程论证工作的决定》这一激动人心的文件。

1992年1月17日下午，国防科工委丁衡高主任约见了王永志，首先向他传达了1月8日中央专委第五次会议的决定，并说可行性论证即是立项论证，这意味着不出意外的话，载人航天工程就要上马了，这次论证，意义重大，影响深远。

丁衡高继续说道：“按要求，这次论证由国防科工委组织实施，经与航空航天工业部领导反复研究，决定让你出任论证组组长。”

王永志一听，心中既高兴又略感不安。他高兴的是，载人航天工程终于要启动了，自己与同事们多年的呼吁和努力即将有了结果；不安的是，组织上要自己出任论证组组长，责任重大……于是，他委婉地推辞说：“这是整个航天战线都非常关注的大事，我怕干不好，还是让德高望重的老专家牵头，我任副职做具体工作吧！”

丁衡高注视着王永志说：“你也知道，老专家们都年事已高，我们怎么好意思再让他们过分操劳呢？既然大家都推荐你，你就勇敢地担起来吧！遇到困难可直接找我解决，我一定全力以赴支持你的工作。”

看着丁衡高期望和坚毅的神情，王永志感受到组织对自己的高度信任，这种信任中透射出一种崇高的责任。还有什么话可说呢？他郑重地点了点头，表示同意。

王永志没有想到，自己从一院院长任上刚调到部里担任运载火箭系列总设计师、地地导弹系列总设计师和科技委副主任等职务仅半年，新的更重的任务又压在了身上，他只好先放下手中的工作，迎接新的使命。

可行性论证

1992年2月9日，载人飞船工程技术、经济可行性论证召开了第一次动员大会，丁衡高主任宣布了论证工作的要求和计划。会议成立了论证领导小组、论证评审组和论证组。其中，王永志担任论证组组长。论证组由200名技术专家和管理专家组成，下设总体组、航天员系统组、飞船应用系统组、载人飞船系统组、运载火箭系统组、测控通信系统组、发射场系统组和着陆场系统组共8个专题组。总体组是论证组组长的办事机构，负责综合协调，提出决策建议，组长由王永志兼任。要求论证组成员脱产集中，全力以赴，务必在6个月内完成论证任务。

8个专题组在各组组长的具体组织下，按照总体组协调的计划，进行分阶段论证，并向论证组组长汇报，总体组进行综合协调。论证组按阶段向论证领导小组汇报并按指示开展下一阶段的工作。

论证内容主要包括载人飞船工程的任务、工程主要技术指标和技术要求、工程研制指导思想、工程总体技术方案、后续任务衔接设想、工程各系统主要技术方案、可靠性与安全性、关键技术及解决途径、工程所需保障条件、工程计划进度安排和工程投资概算10个方面的内容。

论证工作首先从明确工程研制的基本任务和主要要求入手，几经讨论后，领导小组正式明确了对工程的基本要求："在确保安全可靠的前提下，从总体上体现中国特色和科技进步，确保完成突破载人航天基本技术；进行空间对地观测、空间科学及技术实验；提供初期的天地往返运输器；为载人空间站工程大系统积累经验共4项基本任务。"

任务与要求明确之后，作为组长，王永志认为必须首先统一思想认识，他与论证组的研究人员提出了工程研制的指导思想。实践证明，这些重要的思想对保证载人航天工程的设计、建设、研制、生产和试验的质量，对确保载人航天工程"可靠第一、安全至上"的设计原则，能够从设计的源头就得到彻底的贯彻落实，是至关重要的，为工程的顺利健康发展提供了非常有力的指导。

思想认识统一后，按照统一规划，各专题组结合外部支援力量，在过去论证的基础上进行了深化和细化论证，主要任务是：变概念上的可能为工程上的可行；变系统层次的可行为总体层次的可行。各组经反复分析研究，逐步明确了各自的主要技术方案。在这一过程中，各组不断提出有待明确的新构想和问题。其中带有全局性、总体性的问题有飞船的三舱构型、“三垂一远”模式、海上救生方案和后续任务衔接方案等。

三舱构型

飞船的构型是论证的重点。论证中首先明确了根据“长二捆”的运载能力确定飞船规模的原则。“长二捆”是我国当时近地轨道运载能力最大的火箭，要在“长二捆”的基础上进行改进，提高可靠性，并增设航天员救生措施，使之适应载人航天的发射，是需要损失一部分运载能力的。此外，考虑到安全性设计，还要在火箭的运载能力与飞船最大重量之间留有一定的余量，因此将飞船质量定为不大于7.5吨。

飞船是载人航天工程的核心组成部分，王永志提出，飞船的构型和功能必须体现中国特色和技术进步的要求，要有所创新，实现跨越式发展。我们的飞船不仅要能实现载人上天，还要考虑第二步、第三步天地往返运输的要求。要载人上天并返回地球，飞船至少要有推进舱和返回舱这两个舱段，这是俄罗斯等国当初普遍采用的两舱结构。我们是采用两舱还是三舱结构呢？即是不是再增加一个轨道舱？飞船的构型问题在概念论证阶段，就一直是讨论的热点和争论的焦点，进入可行性论证阶段后，这个问题又被重新提了出来。

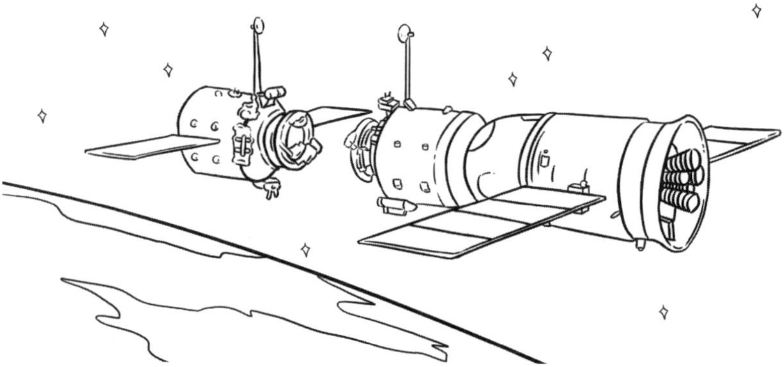

王永志认为，鉴于我国载人航天工程是在苏联和美国之后40年才开始的，所以必须在起点高、效益好的方面下工夫，在技术上有所创新，实现跨越式发展，使之在我国飞船问世时增强全国人民的自信心和凝聚力。因此，几次讨论，他都力主跨越两舱，直接以俄罗斯的第三代飞船并经二次改型的最新型号——“联盟－TM”为目标设计飞船，并力争在此基础上有所创新。俄罗斯的飞船轨道舱在执行任务后便被废弃了，而我们则采用了将第三个舱段——轨道舱（相当于“联盟－TM”的生活舱）留在轨道上继续飞行的方案，以进行对地观察、科学实验和空间应用等研究。也就是说这个舱段相当于一颗应用卫星。这样就大大地提高了飞船的使用效益。

轨道舱留轨利用是论证会之前航天老总们就提出的建议。对轨道舱留轨利用，王永志则想到了更为新颖独到的创意，他打算将留轨的轨道舱作为第二阶段进行空间交会对接①试验的目标飞行器用。这样既可缩短研制周期，又可节省大量的经费。

①空间交会对接，两个航天器在空间轨道上会合并在结构上连成一个整体的技术，是实现航天站、航天飞机、太空平台和空间运输系统的空间装配、回收、补给、维修、航天员交换及营救等在轨道上服务的先决条件。它是载人航天活动的三大基本技术之一。

经过大家的分析和讨论，最后取得了对方案的共识。这一建议也得到了老专家们的赞许，在评审组的评审结论中写道：“留轨舱作为交会对接的被动目标，从而减少了试验飞船或对接目标的数目，这是此方案的重大优点。此方案给工程带来了很大的节约。”此方案经领导小组同意后，纳入可行性论证报告。

“三垂”模式

飞船从哪个发射场发射？要不要新建发射场区？是采用传统的上架模式，还是采用“垂直组装、垂直测试、垂直整体转运”的“三垂”模式？

载人航天发射场的场址选择，要考虑地理位置、地形地貌、气象条件、火箭航区测量、安全救生、火箭助推器和一级落点以及交通运输、通信保障、社会依托等因素，同时还要考虑经济性（如移民征地）、环境保护、后续任务发展等，这个问题在概念论证阶段已做了大量工作，取得了共识。可行性论证[①]中再次进行了论证比较，结论仍认为选择酒泉卫星发射中心作为载人航天发射场是适宜的。

①可行性论证，指对项目的技术先进性和经济合理性

进行综合分析和论证，以期达到最佳经济效果的工作方法。一般分机会研究、初步可行性研究和技术经济可行性研究三个阶段。现代可行性论证的关键问题往往在于技术的成熟性、经济的合理性以及技术应用范围、条件和预期的经济效益、社会效益做出正确的分析和评价。

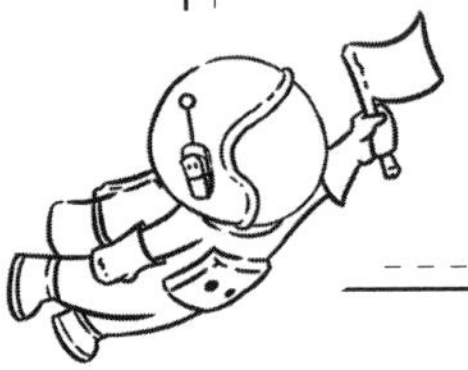

关于火箭转运和上架方式，发射场论证组认为，发射场采用垂直组装、垂直测试、垂直整体转运上架方式（即“三垂”模式），与我国当时采用的方式相比具有比较明显的优点。采用垂直整体转运上架方式，可使我国的发射场建设达到当前国际航天技术先进国家的水平，在规模和技术措施上又有我国自己的特色。

在听取发射场论证组的第一次汇报时，王永志便表示支持这一方案，并安排继续论深、论透。他认为“三垂”方案更符合载人航天的需求，符合技术发展方向。在有空调的垂直厂房内总装和测试，比在无法密封的发射塔架上更容易保证环境条件，从根本上保证了总装测试操作质量，并且有利于提高地面勤务系统的可靠性，从而有利于发射成功率的提高。另外，火箭在发射工位停放时间短（约 3~4 天），不仅受气候环境影响小，更重要的是发射准备时间短，可在短期内连续两次发射。这对未来的空间交会对接试验和进行空间紧急救援的应急发射是非常必要的。此外，建设一个新发射场区，至少要使用三四十年，必须着眼未来的技术进步。现有的分段运输至发射区，在外场分段吊装、对接、装配、测试，耗时10~15天的上架模式必将落后于时代的发展，而难以支撑三四十年。但有的专家认为，不能轻易改变已经成熟的技术和模式；有的专家还担心船箭组合体竖立在运输车上，可能会呈现“倒摆”状态，运输过程中遇有干扰就可能出现“倒摆谐振”而导致意外，因而垂直整体转运从理论上讲就难以行通。

由于一时难以统一认识，在上报的论证报告中虽然报的是“三垂”方案，但加了“暂定”的说明。这也充分体现了论证报告的严谨。

海上救生

海上救生的论证也是一个难点。其主要问题是：如果火箭在上升阶段出现故障，逃逸后的航天员落在海上如何实施救生？

由于我国国土面积和形状的限制，火箭上升段的中后期发生故障需要逃逸时，返回舱就有可能落入浩瀚的太平洋，可能溅落的海区长达5200多千米，找它如同大海捞针，按照要求必须在规定时间内把返回舱打捞回来，否则航天员有性命之忧。而船舶在海上的航行速度每小时只有几十海里，要在茫茫大海上及时营救航天员，这得部署多少条船啊？这是困扰大家很久的一个重大问题。论证中各种主张都有，意见难以统一。

为完成航天员海上搜救任务，如不另辟蹊径，就势必动用庞大的海空力量。美国首次载人飞行时曾在16

个海上落区布设了3艘航空母舰、21艘舰船和126架飞机，动用了2.6万人；尽管苏联飞船海上可能落区只有3500千米长，但为了实施海上救生，最初仍布置了7艘舰船、110架飞机和4000多人。照此标准，我国将无法开展载人飞船工程的研制，因为我们没有那么强大的海上力量。

有些同志甚至提出，如果采取海上搜救措施代价太大，干脆不救了，把有限的财力、物力集中在提高火箭可靠性上，最大限度地减少出现这种危险的可能性，但世界上最可靠的火箭故障概率仍大于1%，这与航天员的安全性要求相比，仍有数量级的差距。

王永志认为，放弃海上搜救航天员，不符合确保航天员生命安全的基本要求，是不可行的。若在广阔的海域布置大量的海空力量，既不符合国情，也难以实现，是否另有两全其美①的办法呢？

灵感往往来自思维的碰撞。一天，508所李颐黎研

①两全其美，成语，全：顾及、成全；美：美好。意为做一件事顾全到双方，使两方面都得到好处。出自元·无名氏《连环计》第三折：“司徒，你若肯与了我呵，堪可两全其美也。”

究员在搭车同王永志一起上班的路上，谈到搜救工作的难处时，说："搜救船去找人可以说是大海捞针，太难了，我们飞船总体正在分析计算，看可否利用逃逸飞船的动力系统，控制飞船就近飞向预先设定的海上应急搜救圈，在附近等候的舰船可能很快就会找到目标……"

王永志一听，情不自禁地叫好："这可能就是海上救生的出路！"他立即抓住这一思路的闪光点，拍板决定把力量集中在完善和落实这一方案上。经过轨道计算和认真研究讨论，一个没有先例的"飞船选点再入"的海上救生方案诞生了。

经过反复核算证明，这一方案完全可行，而且采取这一方案后，飞船可能降落的海上落区缩小为 3 个预先设定的海区，一下子从 5200 多千米减小到 2000 千米左右。既减少了搜救力量配置，节省了大量经费，又提高了搜救的效率和航天员海上救生的可靠性。论证组的意见很快统一了，并得到各方的赞许。

“飞船选点再入”的海上救生方案是充分考虑国情的产物，在国际上绝无仅有，是中国航天人的创举，是具有鲜明中国特色的技术创新。

“三步走”方案

可行性论证任务中有一条叫做后续任务衔接设想，即要回答飞船发射成功后还干些什么，也即中国载人航天的发展规划问题。早在可行性论证前，王永志就在思考中国载人航天的发展步骤。1991 年 11 月 26 日，王永志撰写完成了《以飞船为基础组建空间实验室的构想》一文，文中建议在取得载人飞行历史性突破之后，接着突破空间交会对接和空间行走等关键技术，并发射一个利用飞船技术改装的 8 吨级长期在轨运行、短期有人照料、有一定应用规模的空间实验室，并以飞船作为天地往返运输工具，尽早建成我国空间工程大系统，取得运营经验后，可视需要建立长期有人照料的永久性空间站，形成空间基地，扩大应用规模。

王永志在结语中说：“以最小的代价、最少的时间从飞船过渡到空间实验室（小型空间站），建成初步配套的空间工程系统，提早开展一定规模的空间科学实验和对地观测活动，保持中国航天强劲的发展势头。”他又说：“按本建议，不仅可提早开展空间利用，也有利于实现概念论证总体蓝图中的第二步——发射空间站，发射空间站亦应循序而行，最好有这样一个试验阶段，美、苏发射空间站前都有天空实验室类型的前奏，均未一步登天。”

1992年2月26日，王永志将进一步完善后的《以飞船为基础组建空间实验室的构想》一文呈送丁衡高阅示。

经丁衡高圈阅后，为把工作做深、做实，王永志提出成立空间实验室专题论证组。该组经一段集中论证和初步方案设计后提出报告，认为8吨级空间实验室技术上可行，可搭载一定质量的有效载荷[1]。总体论证组在全体会议上进行了讨论研究，认为可行。王永志也在航

①有效载荷指航天器上装载的为直接实现航天器在轨运行要完成的特定任务的仪器、设备等。

天领域专家委和主题专家组会议上向各位专家征求了意见。经评审组评审，同意了设立空间实验室这样一个过渡性的发展阶段。于是空间实验室就被列入后续任务，形成飞船—空间实验室—空间站三步走的后续任务衔接规划。

经过5个月的论证，在多次向领导小组汇报后，长达8.8万字的技术经济可行性论证报告终于截稿。王永志对报告全文进行了逐字逐句的修改审核后，经评审组审定、领导小组审批，最终上报中央专委。

执掌帅旗

中央批准载人航天工程立项的喜讯传来，全体航天科技人员无不欢欣鼓舞，更令他们兴奋的是，中央不仅批准了飞船工程的立项，而且还确定了我国载人航天“三步走”的发展战略！载人航天，此其时也！

载人航天是尖端科技的集成，是集众多高新科技于一身的战略性高技术领域，需要众多学科的科技人员和各行各业的共同奋斗。复杂的系统、高难度的技术和艰巨的任务，不仅是对技术水平和能力的挑战，也是对组织管理能力的考验。因此，中央专委决定对工程实行专项管理，由中央专委直接领导，国防科工委负责工程的统一组织实施。为加强对工程的集中统一领导，成立了工程的行政和技术两条指挥线，并设立了工程总指挥和总设计师，建立了总指挥、总设计师联席会议决策重大问题的制度。

从技术上要指挥千军万马，打一场只能赢不能输的战争,选择总设计师事关大局,谁来执掌技术的帅旗呢?

千军易得，一将难求。的确，选择总设计师，不仅要求他有一颗对祖国赤诚的心，有一种顽强执着的事业心,更要求其具有较高的学术造诣和水平,有科学严谨、坚持原则、协调处理问题的能力。综合各方面的情况，王永志无疑具备了担此重任的条件。

1992 年 11 月，中央专委任命王永志为中国载入航天工程总设计师。中央专委为了加强载人航天工程的集中统一管理，一改惯例，将以往设在产品设计部门的工程总设计师设在了国防科工委，将以往由国防科工委任命改为由中央专委任命。这样做，使得工程的技术负责人能够超出部门和系统的局限，从工程全局的高度更加公正客观地研究、协调、处理事关工程全局的重大技术方案和重大技术问题。

总设计师是设计师队伍的核心和灵魂，是工程技术指挥线的领头雁。中国载人航天工程总设计师工作条例中规定的主要职责是：工程总设计师是整个工程的技术总负责人，即整个工程技术工作的组织者、指挥者以及重大技术问题的决策者。工程总设计师在工程总指挥领导下工作，是工程技术指挥系统的总负责人，在技术上对国防科工委负责。

1992 年这一年，王永志刚好踏入 60 岁的门槛。王永志属猴，这一年是他的本命年，同时也是他生命中辉煌的一年。他当选为国际宇航科学院院士、俄罗斯宇航科学院外籍院士，一顶顶耀眼的桂冠戴到他的头上。

把中国人送上天去，前无古人，这是条充满艰辛的道路。重任在肩，王永志清醒地认识到工程总设计师的责任绝不轻松。其不仅仅是开头难，其后也必将面临急流险滩。他深切地感到，担任总设计师，是信任，更是重托！他义无反顾地再次承担起新的历史使命！

第八章

创新之路

不上动物试验

时不我待。中国载人航天工程一上马，使命和责任立即推动着各项工作有条不紊[1]地迅速展开。

①有条不紊，成语，紊读音为 wěn，形容做事、说话有条有理，丝毫不乱。出自《尚书·盘庚上》:“若网在纲，有条而不紊。”

由于有了航天员的参与，保障航天员的生命安全就成为载人航天飞行的首要任务。在载人上天之前，要经过大量的地面试验和无人飞行试验来考核飞船的安全性和可靠性。苏联在首次载人飞行前发射了 7 艘试验飞船，美国的“水星计划”在载人飞行前进行了 8 次无人飞行试验，在上人之前都进行了动物搭载试验，其目的是考验和验证飞船的环境控制与生命保障能力，进而判断载人太空飞行的可行性和安全性。我们怎么办？这是王永志一直在思考的一个问题。

在技术方案论证会上，航天员系统的技术负责人都认为送大动物上天试验比较保险，到时候领导要我们表态可否上人，我们回答时就有了根据。经过分析，如果动物试验用云南猕猴，需要一年时间，预算人民币3000万元左右。这样的话，经费和时间代价暂且不说，最主要的问题是能否达到目的。毕竟猴子行了，不见得人就行，猴子不行，不见得人就不行。

王永志提出做一个模拟人代谢的装置来代替动物试验。这样不仅可以节省经费，更重要的是可以节省时间，以实现跨越式赶超。他的分析极具说服力，最后大家达成了不做动物试验的共识，利用拟人代谢装置，直接跨越动物搭乘试验阶段的一致意见。这一意见也得到了工程总指挥的有力支持。

在进一步组织相关人员进行调研和论证的基础上，最终确定由中国科学院大连化学物理研究所研制拟人代谢装置。这个装置利用物理和化学原理，可以模拟3个人的代谢规律，不断地消耗氧气，并释放出二氧化碳。这样在无人飞行试验中，就可以比较全面地在轨考核飞船的环境控制能力。中国科学院大连化学物理研究所研究人员经过刻苦攻关，仅花费约600万元人民币，在较短的时间内就成功地研制出了拟人代谢装置，既节省了时间，又节约了经费。

拟人代谢装置经多次无人飞行试验表明，完全达到了在轨考核飞船环境的目的，证明了神舟飞船的环境控制和生命保障能力满足载人飞行要求。中国载人航天工程跨越大动物试验阶段，从无人飞行试验阶段直接跨入到载人飞行阶段，稳妥、可靠、安全，不仅节约了研制经费，而且大大缩短了研制周期。

“做这个决定，不踩着前人的脚印走，是给自己提出了一个挑战，责任很大，压力很大，但很有意义。”王永志说。

决意“三垂”

发射场是火箭和飞船的起飞平台。发射场系统包括总装测试厂房、发射塔架、发射指挥控制中心、加注系统等基础发射设施。多年来，我国运载火箭的测试发射，一直都采用“水平测试、分段水平转运外场、分段垂直组装和测试”的方式，这种模式，存在测试项目重复、发射工位占位时间长等缺点。

早在可行性论证时，国防科工委机关和发射场系统的许多同志都坚决主张新建的载人航天发射工位应采取“三垂一远”方案。在论证会上，发射场的专家们认为：“垂直总装、垂直测试、垂直整体转运”的“三垂”模式代表了一种世界发展的潮流，是很先进的。现在应该乘势而上，搞“三垂”模式，才能从整体上体现创新。

对于专家们担心的在火箭垂直运输过程中会出现“倒摆谐振”问题，王永志非常重视。就此他多次研究火箭究竟能不能适应垂直整体运输的问题，并成立动力学研究小组，开展专题研究。经过专题研究小组的分析和计算，结果表明，船箭组合体完全能够适应垂直运输要求，不会产生火箭运输车与运输轨道的三体谐振。这个意见对于载人航天发射场最终采用“三垂一远”方案，起到了关键作用，是至关重要的支持。

为了更多地借鉴国外的经验，王永志还与发射场系统、火箭系统以及国防科工委机关的同志一道专程去日本种子岛发射场[①]进行了考察，增加了实感，增强了信心。至此，大家的意见已趋于一致，“三垂一远”模式被最终确定下来。

①日本种子岛发射场隶属于日本宇宙航空研究开发机构，是日本应用卫星发射中心。种子岛，日本九州地区鹿儿岛县南部海面上漂浮的一个远离陆地的小岛，面积445平方千米。种子岛航天中心，是日本最大的宇航研究中心和航天发射中心。中心主要由竹崎发射场、大崎发射场以及吉信综合发射场组成。此机构由1969年日本宇宙开发事业团建立，现在受日本宇宙航空研究开发机构管理。中心的主要任务包括人造卫星的组

合、测试、发射和测控。基地也测试火箭的点火与发射。总面积约为 8.65 平方千米。该岛属亚热带气候，年平均气温 19.5℃。

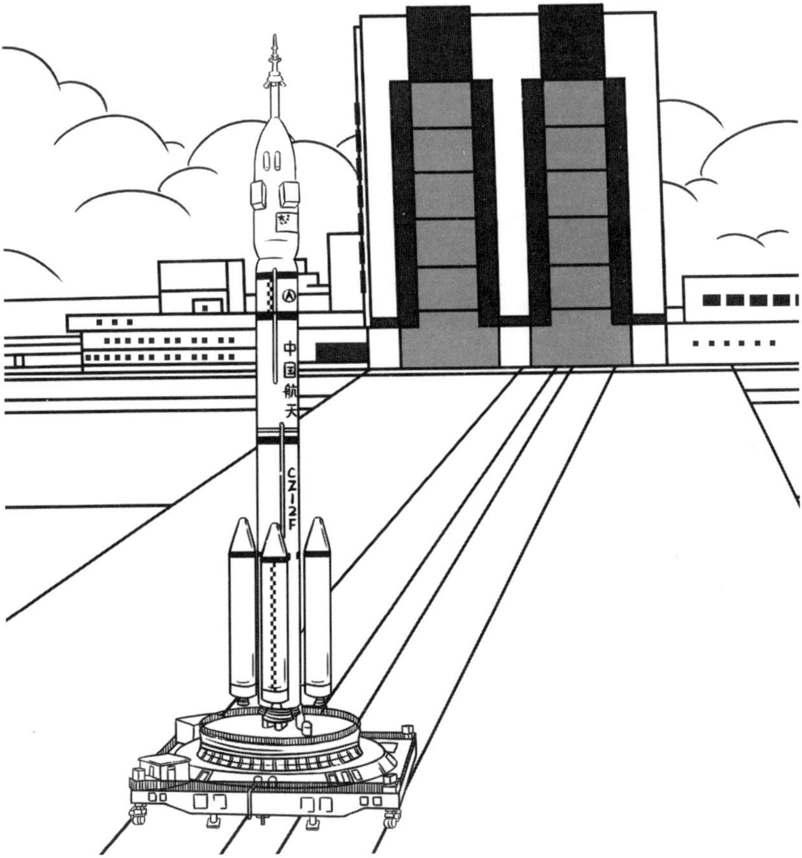

时至1998年3月，载人航天发射场区已基本建成。来此验收的专家很有感触地说，载人航天发射场厂房，无论在建筑方面，还是自动化程度方面，都有创新，堪称亚洲第一。随后，重达700多吨的活动发射平台运抵发射场，并调试完毕。合练（飞）船、合练（火）箭也先后到达，合练按预定计划开始了。关注这次合练的人很多，大批专家齐聚合练现场。王永志是这次合练的主持人之一。在大家关注的目光下，活动发射平台载着高达58.3米的船箭组合体启动了，它缓缓驶向发射区，在每秒十几米的风速下，但见竖立在发射台上的火箭稳稳当当、不见任何大幅摆动，垂直运载试验成功了，一个长时间争论的问题终于有了结论。

“三垂一远”的新模式，使我国进入了国际航天发射技术的前沿。运用此模式，保证了在技术区经过充分测试的火箭状态可以平稳过渡到发射状态，火箭发射工位占位时间也由以前的10~15天缩短到3~4天，为载人航天工程的顺利实施，为今后开展空间交会对接、空间救援等应急航天发射，奠定了坚实的基础。

选址主着陆场

在中国960万平方千米的陆地疆域中，寻找区区一块2000平方千米的平坦区域并不难，但要找到一块既能够满足着陆场要求、又能够满足飞船轨道要求的区域，却不是一件简单的事。

在可行性论证阶段，根据图上作业和空中勘察的结果，初步拟定主着陆场选在河南省开封至驻马店以东长约200千米、宽约100千米的地区内，具体中心点要经过陆上详细勘察后才能决定。

1993年2月初，王永志率队开始对该地区进行地面详细勘察。一路上看着窗外的景象，王永志认为该地区不适合作为主着陆场，一是树木和建筑太多，影响飞船的降落安全；其次是人口密度太大，每次飞行任务着陆的那一天就要疏散将近130万人，实在太扰民了。但选址方案已经向中央报告了，也得到了批准，再提出来要改，这个“马后炮[1]”要不要放？王永志一路上苦思冥想，最后终于下定了决心，本着实事求是的原则提出主着陆场要改址。

①马后炮，象棋术语。意思是比喻事后才采取措施，但已无济于事。出自元·无名氏《隔江斗智》第二折：“今日军师升帐，大哥须要计较此事，不要做了马后炮，弄的迟了。”

对改变主着陆场选址，大家自然也有不同看法。有人认为，原来的着陆场也不是绝对不能用，尽管降落到预定区域里的机会小一些，但飞船降落时撞到建筑物和树木的概率很小，有必要对方案做这么大的改动吗？对此，王永志做了耐心细致的解释工作，得到了大家的认可。经过讨论，最后大家的意见统一了。回到北京后，王永志把主着陆场实地勘察的情况向有关领导做了汇报，领导们都支持他的意见，决定主着陆场改址。

4 月 27 日，王永志主持召开了总设计师联席会议，讨论着陆场的改址问题。会议决定：着陆场重新选址先在图上作业，以呼和浩特为驻地勘察四子王旗阿木古郎牧场地区，以银川为驻地勘察苏米图（鄂尔多斯高原西

部）地区以及通辽地区。

6月，王永志率队直奔内蒙古大草原。他们先乘直升机对四子王旗阿木古郎牧场地区和鄂尔多斯西部地区的大草原和戈壁沙漠进行空中勘察，选定空旷平坦的地区后，再乘汽车进行地面勘察。汽车沿着戈壁沙漠行驶是异常艰难的。有时，车轮在沙窝里空转，人不是坐在车里，而是都在后面推车，大家都灰头土脸的。有时，烈日炎炎，大家满怀希望地把车推上了沙梁，再往远处一看，全都傻眼了：连绵的沙丘，一望无际，沙浪翻腾，四面八方都是一个样，只有他们小小的车队像几片绿叶漂浮在沙海上……平时很有知识分子风度的王永志，此时也只穿着白色的背心，拿着矿泉水瓶使劲喝水，以补充流失的水分。

经过实地勘察，王永志最后相中了四子王旗阿木古郎牧场地区。同年9月，原班人马再次开进该地区进行详勘，结果大家都比较满意，确认了主着陆场的位置。此后不久，王永志随丁衡高等领导同志，向中央专委汇报飞船主着陆场的更改方案，得到中央专委的批准。中央专委会议后，地面勘察工作仍在进行中。主、副着陆场场址的确定，给轨道设计，着陆场建设，测控站、测量船配置和布局及海上救生方案确定创造了条件。

飞行轨道设计

主着陆场决定改址后，以提高航天员安全为主要目标的飞行轨道设计优化工作也开始了。为指导轨道优化设计，王永志组织工程总体和轨道设计复核专家组进行了多次深入的研究和讨论。在此基础上，他提出飞行轨道设计的十条要求，作为指导思想。既考虑了我国地理条件、测控通信设备布局和现有航天设施地理位置等条件的限制，又最大限度地提高了航天员在正常和应急情况下返回预设着陆场的机会，从而确保航天员的安全。这一飞行轨道设计指导思想，反映出王永志作为总设计师的良苦用心和严格要求，也折射出他认真细致、追求完美的个性。可以说我国的飞船轨道设计是具有世界水平的。在轨道专家们的精心设计和艰苦努力下，在一年半的时间内，终于圆满地完成了满足这十大约束条件的轨道设计。

在神舟一号飞船安全返回后，王永志又将飞船飞行中的变轨问题提到了议事日程。变轨就是把飞船入轨时的椭圆轨道变为近似圆形的轨道。圆轨道各个点特征参数①变化很小，有利于测控，有助于科学实验，对应急救生也特别有利。地面人员可以用一组控制数据，控制飞船制动返回。

①特征参数是指用于表征物质或现象特性的参数信息。

在神舟一号试验飞船的方案中，飞行轨道是一条一天返回的应急椭圆轨道，其变轨的时机选在第十四圈。根据原来的设想，首次载人飞行若在第十四圈变轨，意味着只有第三天（第四十六圈）才能按正常返回轨道返回主着陆场。如果首次载人飞行时间为1~2天，就只能采取应急返回方式。而应急返回属于一种故障对策，不可能在无人飞行阶段得到充分考核。如果首次载人飞行通过应急轨道返回，这在王永志内心里是无法接受的，那么解决的办法在哪里呢？

“是否有利于航天员的安全”，是王永志在载人航天工程中坚持的首要原则。王永志想：“如果提前变轨，使航天员从第一天开始就可以从多次考验过的圆轨道返回地面，航天员的安全就更有保障。”如果要提前变轨，那么在第几圈调整合适呢？王永志前思后想，考虑了方方面面的因素，心中已经有了答案。他找来轨道设计专家和测控专家，提出了提前变轨的设想，并指出在第五圈实施变轨是可行的。专家们通过精确计算，结果表明，第五圈实施变轨是完全可行的。于是，王永志拍板决定，将飞船变轨时间从原设计的第十四圈提前到第五圈，并从神舟二号无人飞行时开始实施。

2001 年 2 月，神舟二号飞船发射升空，并在运行到第五圈首次成功完成变轨任务。其后，神舟三号、神舟四号飞船发射升空后都相继在第五圈完成变轨任务，为后续载人飞行实施变轨和航天员的应急安全返回提供了保障，为决策神舟五号飞船飞行 1 天返回成为可能。

倚天铸长箭

1992年8月14日，“长二捆”发射“澳星”成功，这是中国航天走向世界的一个里程碑，不仅证实了我们有能力进入国际市场，也为日后的发展攒足了后劲儿。在载人航天工程立项时，长征二号E火箭这位“大力士”没有争议地被推举承担发射飞船的任务。

火箭系统是飞船进入太空的运输工具，是登天的天梯。但“长征二号E”要载人上天，必须要进一步解决可靠性和安全性的问题。为架起安全登天的梯子，王永志对运载火箭的研制提出了严格的技术和质量要求。他多次来到中国运载火箭技术研究院，与运载火箭系统的“两总”等有关负责同志，商讨载人火箭的设计问题。火箭总设计师王德臣表示，为保证载人飞行的安全，必须在‘长二捆’的基础上专门研制故障检测系统和逃逸救生系统。如果这两个系统研制成功，就可以使火箭在待发段和上升段发生故障时，自行检测，自行诊断，发出故障信息给逃逸救生系统，逃逸救生系统随即带飞船返回舱离开箭体，从而保障航天员的安全。对此，王永志表示赞同，认为研制故障检测系统和逃逸救生系统是火箭保证航天员生命安全最重要的一环，是完全必要的。

1992 年年底，命名为长征二号 F 的运载火箭开始了研制工作。王永志提出，载人火箭必须有很高的可靠性、完善的逃逸救生功能，其可靠性必须达到甚至超过世界上最好的火箭。不久，由王永志签署的工程总体设计要求下发了，其中对火箭的可靠性指标要求是 0.97，航天员安全性指标为0.997，并要求逃逸救生系统在事故发生后2秒内将航天员带离危险区。这一要求之高在中国航天史上是空前的，世界上也只有个别火箭可以达到。这就肯定了火箭必须增加故障检测系统和逃逸救生系统。

经过近7年的努力，1999年6月，长征二号F火箭第一次露出容颜：高58.3米，最大包络直径达8米，起飞总质量近500吨。宏伟壮观、明亮呈乳白色的箭体，与绘在上面的五星红旗，构成了一幅完美雄壮的图画，堪称中国火箭家族中的大力神。

在“长征二号F”研制中，多项技术成为中国航天史上的“第一”。第一次提出了安全性要求，第一次设计故障检测系统和逃逸救生系统，第一次实现“三垂”模式，第一次实现远距离测试发射，第一次设计了两套控制装置，第一次研制和采用弯喷管逃逸固体发动机，遥测系统第一次参与控制，第一次实施可靠性工程化，第一次实现软件工程化，等等。此外，还采用了大量先进的冗余设计[①]技术，假如一套系统出现问题，可以立即切换到另一套系统，极大地提高了可靠性。

长征二号F火箭的成功研制，不仅是火箭系统专家们的骄傲，更使王永志这位搞了30多年火箭研制的专

①冗余设计，通过重复配置某些关键设备或部件，当系统出现故障时，冗余的设备或部件介入工作，承担已损设备或部件的功能，使系统继续正常工作。

家感到自豪。他非常欣赏第二任火箭总设计师刘竹生赞美“长征二号F”的一句话：“什么是金牌火箭，这就是金牌火箭。”

众志造神舟

在思考中国的航天风帆该怎样起航时，王永志立足当前，谋划未来，把目标瞄准了俄罗斯最先进的飞船“联盟TM”号。他知道，实现中国载人航天工程的关键是飞船的成功，而飞船的先进性体现着当代中国的科技进步。同时，载人飞船不仅要保证航天员顺利进入太空，而且要保证他们在太空工作并安全返回地面。这就对飞船研制提出了比卫星研制高得多的要求。

飞船采用三舱构型，系统复杂，研制面临着重重难关。飞船的推进舱、返回舱和轨道舱三舱之间的连接和分离、飞船与火箭间的连接和分离、飞船的安全着陆等都涉及很多关键技术。在飞船研制过程中，王永志与工程总体科研人员多次到飞船研制单位了解情况，协助解决具体问题。

在全体研制人员艰苦卓绝的努力下，在短短几年时间内，迅速突破了飞船三舱的分离解锁、调姿制动、升力控制、防热、回收等5项关键技术难关，取得了一系列创新成果。

推进舱是飞船在空间运行及返回地面时的动力装置；返回舱是飞船起飞、飞行和返回过程中航天员乘坐的座舱，也是整个飞船的控制中心；轨道舱是航天员在太空中工作和生活的场所，装有各种实验仪器和设备。飞船执行任务后返回舱再入返回地面，轨道舱则可留轨继续飞行半年左右，执行对地观察或空间科学与技术试验等任务。为此，在轨道舱外加设一对太阳能帆板，以提供在轨飞行实验所需的能源。俄罗斯的“联盟”号系列飞船均未这样做，这是我国飞船的创新点。

1996年，飞船进入初样研制阶段。1998年3月，王永志作为技术总负责人参与主持完成了“火箭—飞船—发射场—着陆场”合练，以及零高度状态下的逃逸救生飞行试验。在这两次重大活动中，飞船系统都圆满地完成了任务。1999年，完成了电气性能测试飞船的研制。2001年，飞船已达到正样技术状态，设计基本定型。

为了保证高可靠性，飞船的各系统和设备均进行了可靠性设计，关键部件采用备份系统（双备份或三备份），飞船在严格的环境条件下进行了充分的地面测试和试验验证，各项创新设计均得到了充分考验。

即使如此，一些蛛丝马迹①仍能激起王永志创新式思维的闪耀。在一次检测中，王永志联想到我国曾有一颗返回式卫星发射升空后失控而没有返回地面的事件，他立即意识到，必须强化飞船手控返回地面的功能，这是提高航天员安全性的重要措施。他随即组织召开航天员手动控制专题会议，逐项研究落实手动控制方案和手控设备研制。此后他对这项工作一直抓住不放，一抓到底。这无疑给飞船的研制增加了许多难度，但为了航天员的安全和飞船的更加完善，飞船系统的研制人员并没有打半点折扣，在关键环节上均设置人工控制装置，顺利地完成了任务。

①蛛丝马迹，成语，指从挂下来的蜘蛛丝可以找到蜘蛛的所在，从马蹄的印子可以查出马的去向。比喻事情所留下的隐约可寻的痕迹和线索。出自清·王家贲《别雅序》：“大开通同转假之门，泛滥浩博，几凝天下无字不可通用，而实则蛛丝马迹，原原本本，具在古书。”

中国飞船的研制严格、精细，它的先进性和创新特点，也得到了国外同行权威专家的肯定和赞赏。

第九章

安全至上

强化顶层设计

“没有一流的队伍，就没有一流的工程。”中国航天事业几十年的发展经验证明，强有力的技术总体是确保工程顺利实施的关键因素。由于被编制所限制，从事工程总体设计工作的人员都是抽调的精兵强将，然而仅仅只有十余人，这是远远不够的。为了加强工程总体设计技术力量，提高工程总体对各系统的指导、技术把关和技术协调能力，王永志建议外聘专家，按专业组成若干设计复核专家组，建立专家设计复核制度，这样可以充分发挥专家的作用，形成“小核心、大外围”的工程顶层设计队伍，提升设计质量和设计水平，确保工程的顺利实施。

建议被批准后，面对十分繁重的方案设计工作，他决定针对影响工程设计质量、影响工程全局方案、影响系统之间协调性的若干关键技术领域，成立相应的设计复核专家组。此后随着任务的需要，工程总体先后成立了多个设计复核专家组。专家组的成员都是在相应技术领域长期工作、技术精湛、工程经验丰富的老专家。

实践证明，专家们的真知灼见，极大地促进了设计质量的提高。这些专家是无名英雄，他们为工程的顺利实施作出了突出的贡献。许多老专家都是退休以后再次出山，他们中有许多人推辞了社会上的高薪聘请，重返祖国载人航天的战场；也有许多人克服了家庭和身体的重重困难，不图名利，认真细致，任劳任怨[①]；还有许多人在完成本职工作的同时，挤出时间，不计报酬，尽心尽力。在十几年的研制过程中，工程总体专家组一直坚持工作，尽管先后换了许多人，但这些老同志都十分怀念在专家组工作的日子，他们为有生之年能够为祖国的载人航天事业作出贡献感到十分骄傲和自豪。王永志也一直对他们念念不忘，神舟五号任务圆满成功后，王

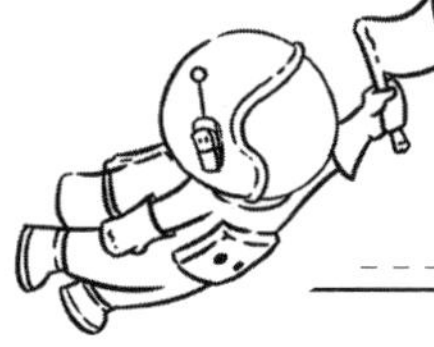

①任劳任怨，成语，比喻做事不辞辛苦，不怕别人埋怨。任：承受。出自汉·桓宽《盐铁论·刺权》：“夫食万人之力者，蒙其忧，任其怨劳。”

永志专门将许多老专家请到北京航天城座谈。他在讲话中深情回顾了工程研制十几年的艰苦历程，回顾了与专家组共同奋斗的经历，回顾了专家组为工程作出的巨大贡献，并对老专家们表示了衷心的感谢，还为他们颁发了荣誉奖状和感谢信。与会的专家们都十分激动，他们纷纷表态，为自己有机会参加载人航天工程并做出一些成绩感到幸运，为工程领导们还记着他们这些老同志作出的贡献感到由衷的欣慰。

为推动学术交流、提高技术水平，王永志提出并创办了内部发行的《载人航天》杂志，并亲自担任编委会主任。该杂志在宣传党和国家在载人航天方面的方针政策，介绍国内外载人航天技术进展和动态，交流我国载人航天及相关领域的学术技术成果以及组织管理等方面的情况和经验等发挥了积极的作用，成为研制人员交流沟通的园地。

在完成繁重研制任务的同时，他还组织编制了厚厚的八大本、数百万字的《载人飞船工程手册》。这套书的问世，极大地促进了系统之间的交流、技术交底，对搞好技术协调、提高工程研制质量起到了很好的作用。

为设计建章立制

质量是安全的保障，质量是永恒的话题。方案确定之后，质量决定一切！大局初定，王永志的精力即刻集中到工程设计规范和质量保证的建章立制上来。

王永志常想，载人飞船与送卫星上天大不相同，载人飞船工程是我国载人航天工程的第一步，对我国的载人航天事业起着继往开来①的作用，其成功与否，直接关系到航天员的安全，影响国家的声誉和航天事业的发展，因而确保安全可靠，是工程的头等大事。在载人航

①继往开来，成语，意思是继承前人的事业，开辟未来的道路。出自宋·朱熹《隆兴府学濂溪先生祠记》：“此先生之教，所以继往圣，开来学，有功于斯世也。”

天事业中，风险贯穿于过程的始终，因此在设计、生产、试验各个环节和研制的各个阶段，都要认真贯彻周恩来总理提出的“严肃认真，周到细致，稳妥可靠，万无一失”这十六字方针，确保质量，确保安全，圆满完成工程的基本任务。但怎样才能将载人航天高可靠性和高安全性的要求切实落实到每个设计师的观念中，切实落实到设计规范中，切实落实到每个设计师的设计实践中，切实落实到每个在岗人员的自觉行动中去呢?

王永志认为，必须从顶层建章立制、统一标准、制定设计守则开始。他结合自己几十年的工作经验教训，逐渐酝酿形成了十条设计基本要求。之后，他组织质量专家和工程总体室对这十条要求进一步细化，形成了《关于加强载人飞船工程可靠性、安全性工作的若干规定》，这是工程总体的第一份质量管理文件，是我国载人航天工程质量管理的顶层纲领性文件。它从工程设计的顶层，对工程的质量管理工作提出了系统和全面的要求，并提出了具体管理措施。此后根据任务需要，工程总体又制定了许多质量管理方面的规定。

随着研制工作的深入，王永志发现工程总体只提要求是不够的，还应提供科学可行的方法，以指导各系统进行航天员安全性设计。于是他要求工程总体组织精兵强将编写了《航天员安全性工作指南》。其中明确指出：“做好航天员安全性工作，要依靠科学的方法，不能以直觉或经验作决策。工程的管理者、设计者、生产者和试验者，特别是负责航天员安全性设计工作的管理和技术人员，都要熟悉《航天员安全性工作指南》的内容、方法和工作要求，并在工程实践中切实贯彻执行。”

随着研制工作的进展，王永志敏锐地发现，参加工程研制的各系统和各主要单位的质量管理标准、规范、方法和管理水平有很大的差异。于是他正式发出通知，要求工程各系统和所有的外协单位一律采用航空航天

工业部的质量标准和管理要求，为此他亲自到工程经验相对较少的航天医学工程研究所和中国科学院空间应用总体部宣讲质量控制要求、管理规范和质量控制措施。这些单位经过十几年的时间，在质量管理工作上都有非常大的提高和进步。

不留隐患上天

“不带问题出厂，不留隐患上天”，这是王永志经常讲的一句口头禅，也是他身体力行[1]的准则。凡是涉及航天员安全性的原则问题，他的铁面无私是出了名的。

①身体力行，成语，多用来表示努力实践，亲身体验。出自《淮南子·泛论训》：“圣人以身体之。”

2001 年 10 月，神舟三号飞船在发射场完成了三舱对接后，进行测试检查时，意外发现贯穿飞船两舱的穿舱插座中有一个点没导通。而此前，飞船单舱状态分别做导通测试时都是好的，但飞船对接后，有一个点就不导通了，测试了好几遍，结果都一样。测试人员想起飞船出厂之前测试时，也出现过类似的情况，但当时认为是插座的匹配性不好，换了一个新的插座后，故障现象消失了，也就没有引起过多注意。没想到这个问题在发射场又出现了。

大家对这个重复出现的故障现象都非常重视。王永志要求对这个问题决不能再轻易放过去，一定要彻底查清。出问题的插座被拆下来并迅速进行失效分析，由于解剖的产品少，元器件专家组只能谨慎地给出“很难排除是批次性问题”的结论。如果是批次性问题，就说明已经装在飞船上的77个插座都有可能存在问题，只不过现在还没有暴露出来，是有隐患的，这下问题严重了。

王永志看了解剖件后，心里有数了。问题确实不小，而且不是简单的生产质量问题，是更深层次的设计问题。为了查明究竟是不是批次性问题，王永志同胡世祥、张庆伟、戚发轫、袁家军等人，连夜赶往外省的穿舱插座生产厂了解情况。他们看了生产过程并与插座的设计、工艺人员一交谈，便彻底明白了，是设计上有缺陷。

接下来怎么办呢？如果将已经装船的所有插座都拆下来，前一阶段所有的工作都白干了，要彻底返工。更要命的是，当时还没有可以替代这种插座的同类产品，如果改进设计重新生产的话，起码要3个月时间，而全

部试验队都已经齐聚发射场，试验队要不要撤场？如果撤场，队伍的士气将受到不小的挫折。这个决心不好下呀，王永志感到巨大的压力扑面而来。

有同志提出，插座能不能不换了呢？毕竟这种插座在神舟一号、神舟二号飞船上都用过，经受了飞行的考验。况且每一个信号都是双点双线连接，即使有一个点不通，也可以保证信号的传输，而已经装船的77个插座、1000多个节点中，也仅有一个点不通。

王永志十分理解大家的苦衷，但他认为不留隐患上天，这是个原则问题。要下决心改！而且从神舟三号任务改起，为了确保神舟三号任务的成功，花再大的代价也值得，一定要把工作做彻底，飞船绝不能带隐患上天。

由于更换全部穿舱插座涉及试验队撤离发射场，神舟三号飞船发射需要推迟3个月，势必影响到载人航天工程的总体进程，事关重大。载人航天工程总指挥部向中央提出申请，请求推迟发射，彻底解决问题，得到中央批准。这次悲壮的行动，极大地震动和教育了全体研制人员。撤场后，各系统都进行了全面的质量整顿和复查工作，“可靠第一、安全至上”的理念得以深入人心。王永志说，这件事成为载人航天工程队伍全面增强质量意识的里程碑，成为竖起载人航天质量标准的一个标杆。“不带问题出厂，不留隐患上天”，也成为全体研制人员的共识和自觉行动。

（34＋X）个问题

何谓（34＋X）个问题？谈及此事，可以追溯到2002年11月底，神舟四号飞船就要在万众瞩目[1]中进行发射。前3次发射时，王永志总是对飞船这个“宝贝”呵护有加，每次都必在现场，这次当然也不例外。11月30日，王永志抵达发射场。晚上，他突然感到右上腹开始隐隐作痛，而且疼痛不断加剧。送入医院后，被确诊为高危的急性胰腺炎。由于发射场医疗条件有限，发射中心连夜从酒泉市调来特效药，使他的病情趋于稳定。在王永志的病情得到初步控制后，总装备部首长立

①万众瞩目，大家十分关注，目不转睛地注视。

即指示派飞机接王永志回北京诊疗抢救。身边工作人员要把他的随身物品整理好带回北京，他却坚持说：“东西先不要动，我还回来呢。”但令他没想到的是，这一病，居然住了半年医院。

在病床上，王永志心急如焚。神舟四号发射任务在即，自己却躺在医院里，这成了他最大的憾事和心病。虽不能在发射现场，但他时刻盯着前方的一举一动。病房里的电话，成了他与前方的临时热线，病房成了他的临时办公室。医生劝他安心养病，争取早日康复，他却乐观地说：“我脑子里思考的事情越多，就越能缓解病痛，这不挺好吗？”在病床上，他一边打着吊针一边认真听取各方面的汇报，提出自己的见解。

12 月 27 日，发射场的最低温度降到了零下 27 摄氏度，差不多是该地区 20 年来的最低温度。而这一天距离神舟四号飞船的预定发射时间只有 3 天。王永志深知低温对火箭发射的不利影响，如容易出现导致密封件失效等意想不到的问题。在这样的低温下，飞船能不能发射？围绕低温发射问题，王永志与两总和各系统的专家们开了不少“电话会”。他多次强调，必须拿出低温环境数据来证明可行，否则谁拍胸脯保证都没用。最后现场指挥部根据气象预报，果断决定将发射日期推后一天。

2002年12月30日凌晨0时40分，神舟四号飞船从酒泉卫星发射中心成功发射。7天后，当飞船即将返回时，王永志硬撑着病体来到北京指挥控制大厅。在看到飞船成功返回时，他才安心地返回病房。

神舟四号飞船发射的圆满成功，意味着神舟五号飞船即将实施首次载人飞行，也意味着将对各项准备工作提出更加严格的要求。工作千头万绪，王永志躺在病床上，头脑也丝毫安静不下来。既然出不了院，他便索性利用这难得的“空闲”时间，对载人航天工程实施10年来的经验教训，进行了一次全面的梳理和思考。在此基础上，他结合自己几十年的工作经验，提出了需要工程总体重点检查和督促解决的问题，一共有34个，并逐一指出了解决问题的方向。他把这些问题亲自整理并分类记录在笔记本上，交给工程总体室，要求他们派专人负责，一一检查落实给出结论。

后来专家们在王永志提出的问题上，又陆续补充了一些问题，因没统计是多少个，大家都说叫X个吧。有人风趣地说：“现在高考科目叫（3＋X）。我们也不妨把王总的34个问题加上大家所提的问题，叫做（34＋X）个问题吧。”后来大家一碰到王永志，就开玩笑说：“王总，您在病床上还给我们出了（34＋X）道难题。”

确保着陆安全

飞船着陆是载人航天飞行中最后一个非常关键的环节。为了确保飞船着陆过程中航天员的安全，飞船着陆方案中设计了双重缓冲措施。首先是安装在返回舱底部的反推发动机，在距离地面一定高度时点火，降低返回舱着陆速度，从而实现软着陆。其次，着陆前还要将航天员座椅提升到一定高度，一旦反推发动机点火不正常，落地冲击较大，座椅缓冲装置就可以起作用，消耗飞船着陆瞬间的冲击能量，可以确保航天员的生命安全。

此前飞船上安装的座椅缓冲装置称为拉刀式座椅缓冲装置。在将近7年的研制过程中，科研人员做了大量的工作，采取了各种措施，性能有所改善，但仍满足不了要求。王永志对这件事始终放心不下，时刻关注着研制进展和地面试验情况。

2003 年 5 月，王永志收到了返回舱落地冲击试验结果分析报告。报告中列举了大量试验数据和分析结果，最后结论中却有一条：拉刀式缓冲装置在某些方向上的缓冲效果不理想，如果反推发动机不点火，航天员有伤亡的危险。王永志看到这个结论后，深感还没有尽到对航天员生命安全负责的责任，“航天员有伤亡的危

险”，这显然是无法接受的。怎么办？既然拉刀式缓冲装置未能满足要求，就应该另寻出路，不到山穷水尽[①]决不放弃。

①山穷水尽，成语，意思是山和水都到了尽头，比喻无路可走陷入绝境。出自宋·陆游《游山西村》：“山重水复疑无路，柳暗花明又一村。”

王永志想到了以前议论过的胀环式缓冲装置，并拿到了设计草图，经过研究后，心里有了底。于是他提出“尽快研制胀环式座椅缓冲装置，在条件成熟时代替拉刀式缓冲装置执行神舟五号飞行任务”的意见，并报告给工程指挥部。

有关单位的专家组织估算了研制胀环式缓冲机构需要的时间，认为距离神舟五号飞船出厂只有两个多月，研制胀环式缓冲装置来不及。但王永志认为这是确保航天员安全的原则问题，座椅缓冲装置的性能必须满足要求。既然已经认识到了问题的严重性，又有解决办法，就没有理由不解决。

7 月份，在一次预备会上，王永志再次强调了更改座椅缓冲装置的意见。

改！工程总指挥在关键时刻做出了关键性的决定！

航天五院立刻成立研制攻关小组，昼夜不停，加紧研制新的缓冲装置。新产品试验件出来后，一系列地面试验表明，胀环式缓冲装置的缓冲效能变好，性能明显改善，而且非常稳定，加工、装配和调试也不复杂。2003 年 9 月 16 日，上天用的胀环式缓冲装置终于按时送到了酒泉卫星发射中心，安装到神舟五号飞船中，顺利替换拉刀式缓冲装置。从下决心开始研制到任务顺利完成，只用了 49 天。

神舟飞船的每一次飞翔，王永志都付出了巨大的心血。在载人航天这个伟大工程中，为了确保航天员的安全，所有航天人都细致入微、精益求精，对能想到的“万一”都有了应对的手段。火箭、飞船的可靠性和安全性已被“锻造”得越来越高。

第十章

飞天圆梦

“神舟”巡天

火箭和飞船是载人航天工程中的重要成员。1993年，中国载人航天工程办公室向参加研制的单位发出了为中国飞船征集名字的通知。一时间，被冠以各种优美称谓的信件如雪片般寄到了办公室。称谓中有孕育着浪漫、寄托着理想的，如“天骄”“炎黄”“华夏”“神州”“飞天”“神舟”等。王永志认为用“神舟”好，“神舟”寓意神奇的天河之舟，又是中华“神州”的谐音，象征着飞船研制得到了全中国人民的支持，是祖国四面八方、各行各业大协作的产物；同时，“神舟”又有神气、神采飞扬之意，预示飞船成功研制和圆满飞行，很有意义。

在两总联席会议上，大家一致同意飞船的名字用“神舟”，同时明确打一次增一号，即神舟一号、神舟二号……并将取名之事报告中央专委。中央专委表示同意。“神舟”这个名字最终从众多的名称中脱颖而出。1998 年 10 月，中共中央总书记江泽民为飞船题名“神舟”。飞船“神舟”之名便响彻华夏。

托起神舟飞船上天的是长征二号 F 火箭，被称为飞船上天的天梯，总设计师刘竹生骄傲地称之为“金牌火箭”。2002 年 3 月 25 日，江泽民亲笔为“长征二号 F”题名“神箭”，于是火箭有了“神箭”之名。

1999 年 11 月 20 日，神舟一号无人飞船升入太空并绕地球 14 圈后准确地返回着陆场。这是一艘简化状态的飞船，或简称试验飞船，它的发射成功证明了载人航天工程总体方案的正确性，多争取到了一次宝贵的无人飞行试验机会，也实现了“争八保九”的预定目标。王永志的心情如他自己所说：“第一发就打了个十环，开门见红，非常不易。七大系统不仅完成了各项任务，相互之间的工作也是协调的。我心中的一块石头落了地，对后续的工作，我充满了信心。”

接着，一个个新的成功纪录诞生了：

2001 年 1 月 10 日，神舟二号飞船成功发射。神舟二号飞船是第一艘正样飞船，它首次在绕地球飞行第五圈时成功实施变轨，检验了飞船的载人环境，首次进行了轨道舱的留轨试验。

2002 年 3 月 25 日，神舟三号飞船成功发射并回收。神舟三号飞船是一艘改进型的正样飞船，工程各系统全状态参加任务，逃逸与应急救生功能第一次全面启用，火箭控制系统第一次实现了系统级冗余。工程各系统的功能、性能、可靠性和安全性得到了全面的验证。

2002 年 12 月 30 日，神舟四号飞船成功发射并于 7 天后安全回收。神舟四号飞船的技术状态和载人飞行的技术状态完全一致，满足了工程总体的各项要求，表明中国载人航天工程即将正式进入载人飞行阶段。

神箭神舟，珠联璧合[1]。同摘星月，共游天河。神舟飞船像一叶游弋的轻舟，云游天宇，即将载人往返于天地之间，成为中国人远足太空的航班。萦绕于心的飞天蓝图正在变为现实，在王永志的眼前伸展开来，向着明天升起的希望奔去。

①珠联璧合，成语，意思是珍珠联串在一起，美玉结合在一块，比喻杰出的人才或美好的事物结合在一起。璧：平圆形中间有孔的玉。出自《汉书·律历志上》：“日月如合璧，五星如连珠。”

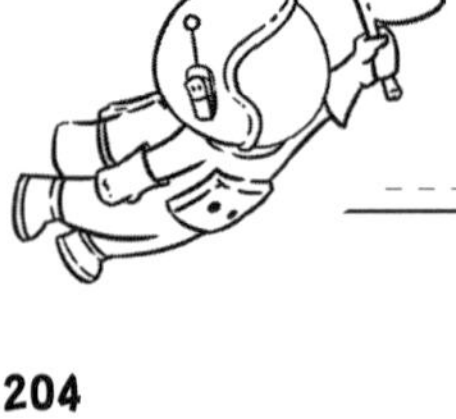

庄重的承诺

神舟五号飞船发射时间定于 2003 年 10 月 15 日上午。发射在即，每一次发射之前，都要进行一项重要的程序——载人航天工程的总指挥、总设计师、副总指挥，在发射责任书上签字。

此次签字时间定在 10 月 14 日，也就是神舟五号飞船发射前一天。对于这一次超乎寻常的签字，王永志思考了很久。他知道，此次签字责任重大、意义深远。前 4 次签字是发射无人飞船，虽然责任重大，但远不能与载人飞行相比。“王永志”3 个字一旦签上，意味着对航天员生命的挚爱和担保，以及对确保这次飞行任务成功的庄重承诺。

由于这是中国历史上首次载人飞行，在责任书上签字的现场气氛显得更加庄严和凝重。责任书放到了王永志的面前。作为总设计师，王永志想到自己与全体航天人 11 年的智慧和辛劳即将变为飞天壮举，眼前便出现了神箭载着飞船直冲云霄、中国航天员在太空遨游的场景，心中有一种莫大的激动和慰藉。他拿起签字笔，嘴中喃喃地说：“首飞航天员，没有把握我不会签字的。把你安全送入太空，也会平安接你回家！”他在技术总负责人的签字栏中庄重地签下了“王永志”3 个字！

这不是普通的签名，它寄托着亿万中国人的希望和理想，承载着数万航天人的责任，凝聚着他们的心血和热望！

在签名当日下午，王永志参加了决定首飞航天员最终人选的会议。他是航天员选拔委员会的成员。我国的

14 名航天员是从 1000 多名优秀空军飞行员中层层挑选出来的，经过 5 年多的培训，身体素质和心理素质都达到了上天的要求，但首次上天只有一位。经过严格筛选，第一轮选拔出 5 位，第二轮选拔后只剩下 3 位。选拔 5 位时，杨利伟名列第一，选拔 3 位时，他还是第一。14 日下午 5 时左右，航天员选拔委员会最终决定，由杨利伟执行首飞任务，这时离发射时间只有 17 个小时。

王永志为杨利伟被选为首飞航天员高兴的同时，也深为航天员们为祖国航天事业勇于探索、不怕艰险、不怕牺牲的精神感动和自豪。选拔过程中，王永志曾问航天员："你们害怕吗？"航天员们说："我们当飞机飞行员同样有风险，飞机起落次数很多，每个起落都有风险，为了祖国，我们勇于和乐于承担风险。"一些落选的航天员还忍不住哭了。他们说："千年一梦，这次未能上天，只有等两年以后；如果两年以后又落选的话，随着年龄的增长，上天的机会就越来越少了。人生难得一回搏，你说不遗憾吗？"谈及这些，王永志感慨地说："我们的航天员们不仅勇敢聪颖，而且是多么的可爱啊！"

为你的凯旋落泪

2003年10月15日上午9时整，火箭喷射出彤彤火焰，神箭轻轻托起神舟五号飞船，飞船、火箭徐徐上升，中华民族飞天梦想变为现实的太空之旅开始了！

与神舟五号飞船一起升腾和遨游的，不仅只是杨利伟，还有中华民族不懈的追求，以及航天人永不满足、奋发进取的精神。从古代的飞天梦想到20世纪70年代的“东方红一号”，乃至今天的神舟号飞船，中国的航天事业就像一支支熊熊的火炬，映照着民族的希望，体现着民族的精神，是中国经济实力不断强大、科学技术不断繁荣进步的真实写照！

飞船成功入轨之后，王永志与部分指挥员和专家乘坐专机返回北京航天飞行控制中心，他们将在这里指挥和监测飞船的运行情况。当飞船绕地运行第五圈时，地面指挥中心发出了变轨的指令。

16日清晨的北京航天飞行控制中心，紧张、忙碌、有序。神舟五号飞船将按预定计划返航。6时5分，我国第一艘载人飞船披着霞光，扑向祖国母亲的怀抱。

一切都在井然有序地进行。6时7分，搜索人员报告目视到神舟五号飞船返回舱。随后，引导伞打开、减速伞工作正常、主伞工作正常的信息不断传来。6时23分，我国第一艘载人航天飞船神舟五号成功返回地面，6时26分，指挥大厅的电子屏幕上清晰地显示出地面车队的搜索场面和远处返回舱发出的着陆方位信号。

返回舱落地了，王永志心里的一块石头也算落地了，他眼里噙满了激动的泪水。

当神舟五号飞船成功返回后，王永志当即打电话向中国航天事业的开创者和奠基人钱学森汇报："您给我的任务完成了！"钱学森在电话里连声说："好呀，好呀！我高兴！"中国载人航天的实现，使钱学森在半个世纪以前就开始酝酿的愿望成为现实，这位德高望重的科学家怎能不高兴呢？！

"从屏幕上看着杨利伟神采奕奕地从返回舱里走出来，我非常激动，当时我泪水充盈眼眶。我这一生因为激动而流泪的次数不多，像这样控制不住地流泪，是极少有的。11 年来我们这支航天队伍呕心沥血①、顽强拼搏，不顾自己的一切，为的就是这一天、这一刻。我为沉着果敢的杨利伟而自豪，我为不负使命的这支队伍而自豪，我为祖国而骄傲。此时此刻我百感交集……”王永志真实地表白了自己的内心世界。

①呕心沥血，成语，呕：读音为 ǒu，吐的意思；沥：读音为 lì，一滴一滴；形容费尽心思和精力。多形容为事业、工作、文艺创作等用心的艰苦。出自唐代李商隐《李长吉小传》：“是儿要当呕出心乃已尔。”

当杨利伟乘坐专机从着陆场返回北京时，王永志亲临机场迎接，见到杨利伟神采飞扬地走下飞机，看到那热烈的欢迎场面，王永志的眼眶里再次充盈了泪水。11 年来，在党中央的亲切关怀和坚强领导下，在全国人民的团结协作下，中国载人航天工程终于有了决定性的收获，神舟五号载人飞船把亿万中国人民的企盼写上了太空，化成了环绕地球 14 圈的美丽彩虹！

构建天宫

有了神舟五号载人飞行的成功经验，王永志的信心更足了。在他的主持下，2005 年 10 月，神舟六号载人飞行取得圆满成功，也揭开了我国载人航天工程第二步任务的序幕。神舟六号任务成功后，王永志从载人航天工程总设计师岗位上退下来，转为载人航天工程高级顾问。

2007 年 1 月 29 日，总装备部牵头组织成立载人空间站工程实施方案编制专家组，开展相关工作。王永志担任专家组组长。这项重要而艰巨的任务，使王永志一下子又回到了一线。建造空间站是我国载人航天工程“三步走”发展战略的既定目标。2005 年，载人空间站工程又与探月工程一起，被列为我国《国家中长期科学和技术发展规划纲要（2006—2020 年）》中的国家重大科技专项之一。王永志为之高兴的同时，也深感责任重大。

在王永志主持下，专家们就空间实验室第二阶段及空间站阶段的实施方案开展了细致深入的论证。工程将按空间实验室和空间站两个阶段组织实施，先发射空间实验室，再陆续把核心舱、实验舱Ⅰ和实验舱Ⅱ送入太空。载人飞船和空间实验室用长征二号F火箭发射，货运飞船用长征七号火箭发射，空间站各舱段用长征五号火箭发射。从2013年开始到中国共产党成立100周年的2021年前后建成空间站，其间需要执行约20次飞行任务（含新型火箭首飞）。

2010年8月，中央专委召开会议，审议并原则同意按此方案实施，指出要把空间站建成开放式的国家级太空实验室。2010年9月，中央政治局常委会审议并批准工程实施。

对于空间站这一宏伟蓝图，王永志满怀信心，因为他深知，不畏艰险、勇攀高峰正是航天的魅力所在！

在紧锣密鼓[①]地论证空间站方案的同时，王永志作为飞行试验任务总指挥部高级顾问，参与主持了神舟七

①紧锣密鼓，锣声紧，鼓点密。戏曲开台前的一阵节

奏急促的锣鼓。比喻正式或活动前的紧张的舆论准备；也形容准备工作进行得紧张、急促。

号到神舟十号的历次飞行试验任务，充满激情地谱写着空间站建造的序曲。

2011 年 9 月 29 日，按空间实验室设计的天宫一号成功发射。神舟八号飞船接着于 11 月 1 日成功发射。11 月 3 日凌晨，“神舟八号”与“天宫一号”实现第一次自动交会对接，两个航天器在太空精准“牵手”，完成了我国首次空间无人自动交会对接任务。11 月 14 日，“神舟八号”与“天宫一号”实现第二次自动交会对接。

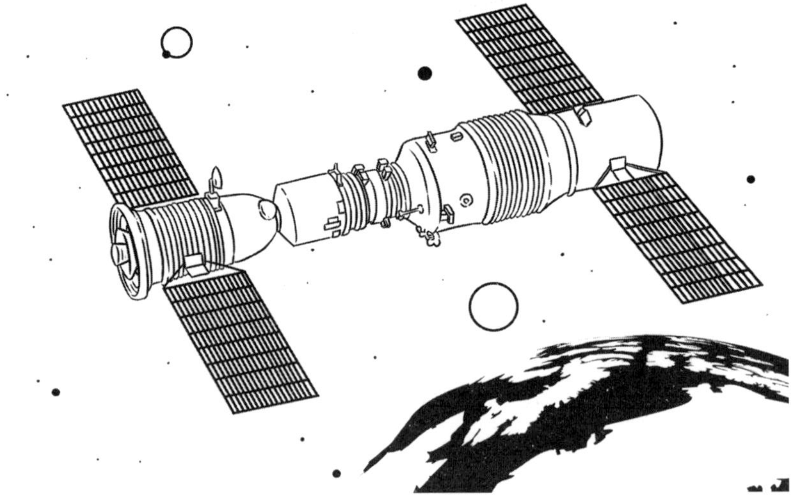

2013 年 1 月，空间站被正式命名为“天宫”，代号“TG”，但不再加序号，以有别于天宫一号、天宫二号空间实验室。核心舱被命名为“天和”，寓意“天地人和”；实验舱Ⅰ被命名为“问天”，寓意“诉问于天”；实验舱Ⅱ被命名为“巡天”，寓意“巡查天际”。

神舟十号任务是我国载人航天工程交会对接任务阶段性收官之战，2016 年 9 月 15 日，“天宫二号”成功发射。

“王永志星”

2010年1月，经国际天文学联合会批准，火星和木星之间的一颗小行星被永久命名为“王永志星”，以彰显他的科学精神与成就。

小行星是目前唯一可以根据发现者意愿进行提名，并经国际组织审核批准命名的天体。由于小行星命名的严肃性、唯一性和永久不可更改性，使得能够获得小行星命名成为世界公认的一项殊荣。

中国人第一次发现小行星是在1928年，发现者是我国首位天文学留学生张钰哲。这颗国际编号为1125的小行星被张钰哲以“中华”命名，成为第一颗由中国人命名的小行星。此后，先后有一批小行星以我国古代著名科学家张衡、祖冲之、郭守敬、沈括等命名。之后，一批小行星陆续以中国当代杰出科学家周光召、陈景润、钱学森等，著名文学家巴金、金庸等，或地名、大学名来命名。

国家最高科学技术奖①得主是我国科技界的杰出代表。为了宣传获奖者的创新、拼搏和奉献精神，激励更多的创新型领军人才脱颖而出，国家科技部和中国科学院国家天文台共同商定，将我国新发现的一批小行星以国家最高科学技术奖获奖者的名字命名。国家天文台提出申请，经国际天文学联合会小天体命名委员会批准，国际小行星中心于2010年1月30日发布第68448号公报通知国际社会，第46669号小行星永久命名为“王永志星”。

2010年5月4日，国家科技部在北京举行小行星

①国家最高科学技术奖是中国五个国家科学技术奖中最高等级奖项，2000年正式设立，由国家科学技术奖励委员会主办。国家最高科学技术奖每年评审一次，每次授予不超过两名科技成就卓著、社会贡献巨大的个人，由国家主席亲自签署、颁发荣誉证书和500万元高额奖金。2018年度国家科学技术奖奖金标准也进行了调整。其中，国家最高科学技术奖奖金额度由设立之初的500万/人调整为800万/人，奖金分配结构调整，全部由获奖者个人支配。

命名仪式。在命名仪式上，王永志郑重地从全国政协副主席、科技部部长万钢和中科院副院长詹文龙手中分别接过小行星命名证书及纪念牌匾，上面镌刻着“王永志星”的运行轨道示意图。

“当我接过命名证书时，激动之情自不必说，更有一种压力，给予我这么高的荣誉，不敢当。”王永志谦和的口气中透着真诚。“这是中国人民和全世界人民对科技的尊重和厚爱。我想，这次命名不是给我个人的，而是对整个航天科技界的鼓励，这颗星属于航天战线的所有战友。”

这颗小行星发现于 1996 年 6 月 6 日，是国家天文台施密特 CCD 小行星项目组在兴隆观测站发现的，暂定编号为 1996LK。1999 年 1 月 6 日，国际小行星中心正式公布赋予 1996LK 永久正式编号 46669，其提名权归属中国科学院国家天文台。

姓名存天宇，事迹启后人。茫茫太空中，第 46669 号小行星有了它的名字——“王永志星”。从此，这颗在宇宙苍穹间遨游的小行星，承载着王永志的学术成就和崇高精神，承载着中国人对无垠太空的探索梦想，与天地共存，与日月同辉。

永恒的航天情

我国自1992年实施载人航天工程以来，取得了一项项彪炳史册的重大成就，作为这一宏伟工程的首任总设计师，王永志心中的感慨难以言表。他永远难忘中国航天事业筚路蓝缕[1]、一路艰险、一路阳光、一路奉献的浩浩征程。

①筚路蓝缕，成语，筚路：柴车；蓝缕：破衣服。意思是指驾着简陋的柴车，穿着破烂的衣服去开辟山林道路。形容创业的艰苦。筚，读音为bì。出自《左传·宣公十二年》：“筚路蓝缕，以启山林。”

雄心壮志创伟业。王永志永远难以忘怀那艰苦奋斗的岁月。为执行试验任务，他和老一辈航天专家奋战在

戈壁滩上。那时的发射场，冬天北风呼啸，刺骨的寒风穿透厚厚的棉衣，冻得大家浑身哆嗦；夏天炎热干燥，太阳把整个戈壁滩变成了火炉。王永志非常欣慰的是，航天精神和优良作风一代一代地传承下来，今天优秀的航天人在面临各种诱惑的情况下，放弃了优越的条件，坚定地踏上航天事业这个伟大的征程。

科技创新勇跨越。王永志深情地回忆说："那个时候很困难，但国家全力以赴，尽了最大的努力。当时最好的雷达、最好的精密光学仪器、最好的遥测遥控装置、最早的计算机……都首先用在了航天事业上。航天事业的需求带动了这些学科的发展，所获得的科学成就反过来又推动中国航天的飞速猛进。今天，中国步入了世界航天大国行列，这与广大科技人员的积极跟踪、矢志创新、大胆跨越是分不开的。"

岁月如歌续新曲。留苏回国后，王永志便与航天事业为伍：而立之年，他拼搏在戈壁大漠；不惑之年，他在逆境中续写人生壮志；知命之年，他承担了研制第二代战略导弹的重任；花甲之年，他执掌起中国载人航天技术的帅旗。岁月流逝，斗转星移，火箭升空的雄风，卫星遨游的奇迹，航天员上天、出舱活动、交会对接的壮举，即将在太空运行的中国天宫，以及月球漫步，火星探测……一幕一幕地在他心灵的屏幕上播放着，永远是那样的激昂和催人奋进！

载人航天使我国的航天技术攀上了新的高峰，但王永志不是停留在原来的峰顶上，而是依然毫无止歇地向着新的高峰攀登。

王永志说，从投身中国航天的那一天起，紧张的工作旋律使他一生不敢懈怠，矢志进取。最累的是担任中国运载火箭技术研究院院长，风险最大的是研制“长二捆”火箭，最幸运的是先后参与和参与主持 6 种航天新型号的首次发射无一失利，责任压力最大的是搞载人航天。中国载人航天从无到有，不断取得新的重大突破，一个个愿望都实现了，他无怨无悔，人生过得非常充实，过得很有价值。

红叶满山，星汉璀璨。耄耋 (mào dié) 之年的王永志，仍在不断地筹谋在浩瀚的太空中描绘那片属于中国自己的灿烂星空，那句“使命因艰巨而光荣，生命因奋斗而精彩”的航天名言，在他的心海里永远永远地回荡，因为他的生命和事业融入了博大深远、奥秘无穷的星空，在永无止境的航天征途上，他始终高举着创新的火炬前行……